BOULOGNE-SUR-MER

AU POINT DE VUE COMMERCIAL

LES
DOCKS DE BOULOGNE-SUR-MER

ÉTUDE

DE L'ORGANISATION COMMERCIALE EN FRANCE & EN ANGLETERRE

PAR

A. LEBAUDY

PARIS
IMPRIMERIE CENTRALE DES CHEMINS DE FER
A. CHAIX ET Cie
RUE BERGÈRE, 20, PRÈS DU BOULEVARD MONTMARTRE.
1875

BOULOGNE-SUR-MER

AU POINT DE VUE COMMERCIAL

LES

DOCKS DE BOULOGNE-SUR-MER

ÉTUDE

DE L'ORGANISATION COMMERCIALE EN FRANCE & EN ANGLETERRE

PAR

A. LEBAUDY

PARIS
IMPRIMERIE CENTRALE DES CHEMINS DE FER
A. CHAIX ET Cie
RUE BERGÈRE, 20, PRÈS DU BOULEVARD MONTMARTRE
1873

DÉDIÉ

A

LEURS EXCELLENCES

M. LE MINISTRE DU COMMERCE

ET

M. LE MINISTRE DES TRAVAUX PUBLICS

PAR

A. LEBAUDY

REQUÊTE DE L'AUTEUR

Obtenir la faveur d'être lu, surtout par ceux dont le bon vouloir est entravé par des préoccupations législatives ou administratives, est chose si difficile, que nous croyons devoir indiquer un mode d'abréviation.

Nous nous bornons à solliciter la lecture de :

Ne réclamant, pour le surplus, que le temps dont on jugera pouvoir librement disposer.

A. L.

AVANT-PROPOS

Le travail que nous venons soumettre à l'appréciation de nos concitoyens est une suite d'études commerciales.

Elles sont le résultat d'une longue et laborieuse carrière passée en France et en Angleterre, où la pratique du haut commerce a permis à l'auteur de comparer et d'apprécier l'organisation commerciale dans les deux pays ; cette comparaison n'est certainement pas à l'avantage de la France ; c'est ce qu'il lui a paru d'un grand, d'un très-grand intérêt de démontrer.

La série de documents que nous livrons aujourd'hui à la publicité n'a d'autre but que d'appuyer cette opinion.

Dans deux lettres adressées, les 31 juillet et 30 novembre 1869, à la Chambre de commerce de Paris, se trouve exposé l'ensemble de la question.

L'attention accordée à ces lettres par la Chambre

de commerce est ce qui a décidé l'auteur à publier, en 1869, un travail plus complet sous le titre de :

L'organisation commerciale et le magasinage public en France et en Angleterre.

Examen comparatif, publié à propos de l'enquête provoquée par les traités de commerce.

Ne croyant pas devoir reproduire ici ce travail, nous en donnons, *sous forme de table analytique*, un résumé que nous avons taché de rendre aussi clair et complet que possible.

Les autres pièces ou lettres sont relatives au port de Boulogne-sur-Mer, parce que c'est là que nous paraît se rencontrer, dans les meilleures et les plus satisfaisantes conditions, la possibilité de faire disparaître l'infériorité de nos institutions commerciales, en les remplaçant par celles que la pratique a, depuis longtemps, perfectionnées en Angleterre.

Nous laissons à la clairvoyance des intérêts privés à apprécier si nous sommes dans le vrai.

A. L.

LE

PORT DE BOULOGNE-SUR-MER

SON PRÉSENT ET SON AVENIR

AU POINT DE VUE COMMERCIAL

(Étude publiée en 1870. — Revue et complétée en 1874)

Boulogne-sur-Mer, situé en regard des côtes de l'Angleterre, vis-à-vis du port de Folkstone, avec lequel un service de paquebots le met en communication journalière, est la voie préférée par les voyageurs qui, ayant à choisir entre Boulogne et Calais, ne reculent pas devant une différence de quelques minutes dans le trajet de mer, différence compensée d'ailleurs par une moindre dépense; voie préférée surtout par les voyageurs qui, pour se rendre à Londres, prennent l'attrayant et économique chemin de la Tamise.

Par sa situation, sur un coteau qui domine la mer, la beauté de sa plage, le magnifique établissement de bains qui la termine, et dont les jardins sont le lieu de réunion le plus suivi ; par ses mœurs et par ses habitudes *demi-anglaises*, la ville de Boulogne est depuis longtemps devenue une résidence préférée par un grand nombre de familles anglaises comme lieu de séjour permanent.

Sa population sédentaire est d'environ 40,000 habitants, mais, pendant toute la belle saison, une population flottante de 5 à 6,000 visiteurs vient en augmenter le nombre.

Le mouvement maritime de Boulogne-sur-Mer n'est pas, quant à présent, à citer pour son importance ; il ne consiste guère, aujourd'hui, que dans le transport d'aller et retour des voyageurs entre la France et l'Angleterre, plus, l'industrie spéciale de la pêche, sur les côtes ou au loin, industrie considérable toutefois, et qui suffit pour donner au port une remarquable animation.

Ce mouvement maritime est en outre alimenté par le commerce de transit avec l'Angleterre, lequel, surtout depuis l'avénement du *libre-échange*, s'est augmenté, et s'augmente chaque jour dans de notables proportions.

Quoi qu'il en soit, lorsque l'on considère l'importance des dépenses qui ont été faites dans le port de Boulogne pour son agrandissement et son amélioration, ces dépenses pourraient paraître dépasser la limite des besoins à satisfaire. Il semble en réalité que ces efforts excessifs ne puissent être attribués qu'à une *intuition* des ingénieurs du port et simultanément du Corps municipal, sous l'habile impulsion des Maires qui l'ont successivement présidé, leur révélant les destinées que l'avenir préparait au port de Boulogne-sur-Mer (1).

Si considérables qu'elles puissent relativement paraître, ces dépenses sont cependant évidemment encore incomplètes, en ce sens qu'elles n'ont eu jusqu'à présent pour objet, tout au moins pour principal objet, que l'aménagement *intérieur* du port.

Presque tout est encore à faire pour assurer à *l'entrée du port* un accès facile et sûr aux navires *de grand tonnage* que réclament aujourd'hui les besoins, et qu'emploient depuis longtemps déjà les nations plus avancées dans les voies du commerce maritime.

De quelle utilité peut-il être, en effet, d'avoir dépensé plus de 6 millions pour la création d'un magnifique *Bassin à flot*, d'une superficie de près de 7 hectares, entouré de plus de 1,000 mètres de quais, et susceptible de recevoir des navires de 3,000 ton-

---

(1) Nous ne pouvons nous dispenser de citer, en première ligne, le respectable M. Alexandre Adam, lequel, pendant sa longue et laborieuse carrière commerciale et financière, a porté, comme Maire de la ville, pendant vingt-quatre ans, le lourd fardeau de l'Administration municipale. C'est, incontestablement, à lui qu'est due la grande majorité des améliorations successivement apportées à la ville, et surtout à l'aménagement intérieur du port de Boulogne.

Dans sa verte vieillesse, l'honorable M. A. Adam, arrivé à l'âge de quatre-vingt-quatre ans, est encore aujourd'hui le protecteur le plus chaleureux de tout projet ayant pour but la solution de la question d'une Rade à établir à l'entrée du port.

nes et plus, si les abords du chenal et *l'entrée* du chenal lui-même n'assurent pas à ces navires une sécurité et une profondeur d'eau suffisantes?

Ce vaste bassin à flot, dans lequel donne accès un large sas éclusé, est, depuis plusieurs années déjà, à la disposition du commerce.

A quelle quantité de navires de grand tonnage a-t-il donné accès jusqu'à présent?

Des bâtiments de faibles dimensions et ceux affectés au service de la Douane ou à la garde des côtes y ont presque seuls eu recours jusque aujourd'hui.

Le complément de travaux que réclame cet état de choses est incontestablement *indispensable*, et le but de cet écrit est de démontrer qu'il n'est pas moins éminemment désirable *qu'il soit promptement accompli*.

Puissent les considérations qui nous conduisent à cette manifestation d'opinion être écoutées et appréciées! Inspiré par un pur sentiment d'intérêt général, nous croyons devoir les soumettre à la discussion.

Un coup d'œil sur le plan ci-joint aidera à se rendre compte de l'état de choses actuel.

A la suite du *chenal d'entrée*, — large de 72 mètres sur une longueur de jetées, favorablement inégales, l'une de 650, l'autre de 500 mètres, — se trouve le *Port d'échouage* dont la longueur est de

550 mètres sur une largeur moyenne de 160 mètres, avec un développement d'environ 1,500 mètres de quais utilisables.

A côté est situé le grand *Bassin à flot*, dont nous avons parlé plus haut, et qui embrasse, nous le répétons, une superficie de 7 hectares.

Après, vient l'*arrière-port*, dont les dimensions sont de 108 mètres de largeur sur une longueur de 220 mètres. Cet arrière-port est séparé du Port d'échouage par un système d'*Écluses de chasse*, aussi solidement que remarquablement bien établi; mais l'utilité, tout au moins *l'efficacité* de ces écluses de chasse, semblent pouvoir être mises en question lorsque l'on considère l'endroit où elles sont placées.

Au dire de MM. les ingénieurs eux-mêmes, le port d'échouage est fort peu ou point sujet à l'ensablement; l'action des écluses de chasse n'a donc à produire d'effet utile que dans le chenal, ou, plus exactement, *à son entrée*, pour tenir en respect un banc de sable qui vient s'appuyer sur la jetée du sud-ouest et dont le relief varie quelquefois avec les marées.

La grande distance à laquelle se trouvent placées les écluses de chasse doit certainement nuire à leur effet sur ce banc de sable, s'il ne l'annule pas entièrement (1).

Le banc de sable susénoncé laisse toutefois dans

(1) La distance qui les sépare est de plus de 2,000 mètres.

le chenal et dans les bassins une hauteur *moyenne* de marée de 7^{m},30 dans les vives eaux, et de 5^{m},45 dans les mortes eaux, hauteur *moyenne* que quelques travaux de dragage pourraient encore facilement augmenter, mais qui est, dès à présent, suffisante pour, au moment où la mer est dans son plein, donner passage à des navires de grande dimension.

La durée de la mer étale est de 52 minutes.

A la suite de l'arrière-port se trouve le *très-vaste* bassin dit *de Réserve*, bassin dans lequel s'exerce l'action de la marée et qui reçoit en outre les eaux de la rivière la Liane, à laquelle il sert d'embouchure.

L'étendue de ce dernier bassin, dit de Réserve, est telle qu'elle permettrait un développement de quais d'au moins 2 à 3,000 mètres sur chacune de ses rives. Quant à son approfondissement, il ne saurait être qu'une question de dragage, le fond n'en étant presque entièrement formé que de couches de sable.

Cet arrière-bassin, qui présente, avec les autres susénoncés, le plus bel emplacement maritime qui se puisse désirer, a été, jusqu'à présent, aussi bien que l'arrière-port, uniquement affecté au service des écluses de chasse.

Un parti infiniment plus utile pourrait certainement en être tiré. C'est ce que nous allons chercher à démontrer.

De cet ensemble de bassins nous paraît devoir surgir la plus belle, la plus fructueuse perspective de mouvement commercial, à partir du moment où LA CONSTRUCTION D'UNE RADE D'ABRI, en assurant la sécurité des approches, permettrait aux grands navires anglais, américains et autres d'apporter directement leurs chargements à Boulogne-sur-Mer.

La navigation de la Manche aux abords de Boulogne deviendrait, dès lors, nous osons le dire, *plus sûre* et *aussi facile* que celle de la Mersey, porte d'entrée du grand port de Liverpool.

Pour élucider cette si importante question, examinons quelles modifications il serait nécessaire d'apporter à l'état de choses actuel.

Commençons par le *port d'échouage*. Il n'a eu jusqu'à présent d'autre emploi que celui d'offrir un refuge aux barques de pêche et à quelques navires de faible dimension qui ne craignent pas l'échouement.

Le jour où, voulant parer à l'inefficacité de l'écluse actuellement existante, on aurait l'idée bien simple, autant qu'elle semble juste, d'en construire une seconde à l'*entrée* de ce port dit d'échouage, l'on convertirait celui-ci en un magnifique bassin à flot, plus grand et en même temps beaucoup plus commode que celui qui, à grands frais, a été creusé à côté.

A ce grand avantage s'en joindrait un autre non moins, sinon plus important encore. Cette écluse nouvelle, placée à la tête du bassin, au lieu d'être à la queue comme celle actuelle, se trouverait, par cela seul, rapprochée de 550 mètres du banc de sable sur lequel son effet est principalement appelé à se produire et qui, dès lors, ne saurait probablement plus résister à cette puissance de répulsion.

Aussitôt cette disposition adoptée, un simple examen des lieux devra suffire pour démontrer qu'il serait infiniment facile d'attribuer aux barques de pêche et petits navires qui ne craignent pas l'échouement, un autre emplacement placé même mieux à leur portée que le port d'échouage actuel. — Cet emplacement, d'une étendue beaucoup plus que suffisante, est celui situé entre le port d'échouage actuel et l'extrémité inférieure du chenal.

Plus tard, des communications pourraient, on ne peut plus facilement encore, être établies, non-seulement entre les deux bassins à flot, mais même au moyen d'un court chenal de jonction, entre *le grand bassin à flot actuel, l'arrière-port*, et celui dit de *Réserve*, lequel, dans sa vaste étendue, permet d'envisager sans crainte le moyen de satisfaire aux besoins ultérieurs du port de Boulogne, si importants qu'ils puissent devenir.

On aurait donc dès lors à mettre à la disposition du mouvement maritime et commercial, une suite de bassins susceptibles de satisfaire aux plus vastes prévisions; un ensemble qui, sous les rapports de *la facilité des mouvements*, de *la sécurité pour les navires*, de *l'économie pour les travaux commerciaux et les transports*, présente des conditions véritablement *exceptionnelles*.

Parfaitement abrité par le coteau élevé sur lequel la ville est construite, cet emplacement assurerait aux navires une sécurité parfaite.

Quant à l'économie de temps et d'argent si nécessaire à apporter dans les chargements et déchargements, il suffit de considérer que le chemin de fer du Nord longe déjà le bassin dit de Réserve ainsi que l'arrière-port et le port dit d'échouage, sur tout le parcours d'une de leurs rives, et que l'on pourrait aisément poser *sur la rive opposée* une voie ferrée qui ne rencontrerait aucun empêchement à son prolongement jusqu'à l'extrémité du *Port d'échouage* actuel.

Telles sont les conditions actuellement existantes du port de Boulogne-sur-Mer.

Examinons maintenant quels peuvent être ses chances et ses éléments d'avenir, *au point de vue* **COMMERCIAL.**

Qu'il nous soit permis de mettre d'abord en évidence la condition la plus essentielle à laquelle il importe qu'un grand port de commerce soit en état de donner satisfaction.

Lors de la longue et si éloquente discussion qui a eu lieu au Corps législatif, à propos des *Traités de commerce*, bien des faits ont été énoncés qui pourraient peut-être paraître contestables ; mais on ne saurait en dire autant des paroles qui, dans cette circonstance, ont été prononcées par l'honorable

M. Monjaret de Kerjégu, député du Finistère, au sujet de la marine marchande.

Une des grandes causes d'infériorité de notre marine marchande, a-t-il dit, c'est que nous ne possédons pas les *frets lourds*, à beaucoup près du moins, au même degré que l'Angleterre et particulièrement que le port de Liverpool. — Un navire venant décharger sa cargaison dans ce port, est assuré d'y trouver, presque immédiatement, un fret de retour dans les conditions voulues pour composer un chargement complet. — *Houille*, *fer*, *fonte*, *objets manufacturés* de tous genres, etc., etc., se trouvent à Liverpool, en abondance d'autant plus grande, que, indépendamment des produits de l'industrie anglaise, c'est en grande partie par l'intermédiaire de ce port que s'est effectuée jusqu'à présent l'*exportation* des produits industriels provenant des manufactures de l'Europe centrale.

Dans nos ports principaux, au contraire, nous n'avons le plus souvent à donner aux navires que des articles dont la valeur est grande peut-être, mais qui sont légers de poids, bien que souvent encombrants. — Des *tissus*, des *produits de luxe*, principalement ceux *de la fabrique dite Parisienne*, en ce qui concerne le port du Havre.

Ce fait n'est que trop exact à l'égard de la plupart de nos ports.

Ce n'est peut-être pas la seule cause de leur infériorité, mais c'en est une que l'on ne peut se dissimuler.

Cette infériorité existe-t-elle également pour le port de Boulogne-sur-Mer?

Nous ne le pensons pas, et c'est ce que nous avons hâte de démontrer, parce que c'est en cela que nous paraît consister le grand élément de prospérité que possède le port de Boulogne, à un degré tel qu'il ne saurait manquer de se produire à partir du moment où il aura été mis à même de fructifier.

Quelques indications devront suffire, nous l'espérons, pour justifier cette prévision.

Reliés depuis longtemps, par le grand *Chemin de fer du Nord* avec *Abbeville*, *Amiens* et PARIS, le *Port et la ville de* BOULOGNE nous apparaissent comme à la veille d'un avenir nouveau, par suite de la construction du chemin de fer dit du *Nord-Est*, qui, partant de Boulogne, se dirige vers l'est de la France par SAINT-OMER.

Dans cette direction se présentent, au point de vue commercial, des éléments tels, que nulle autre partie de la France ne saurait les offrir dans une proportion égale.

Qui ne sait que les départements du Nord et de l'Est sont ceux où, depuis longtemps, l'industrie manufacturière de notre pays a acquis son plus grand développement?

Nous invitons à suivre sur la carte les voies ferrées qui, depuis Boulogne, par Saint-Omer, se continuent en ligne presque droite jusqu'à *Stras-*

bourg, et plus loin encore jusqu'au centre de l'Allemagne, en traversant le *duché de Bade*, le *Wurtemberg*, la *Bavière* jusqu'à *Stuttgart*, même jusqu'à Munich, capitale de 200,000 habitants.

Commençons par le point de départ.

Presque à la porte de Boulogne se trouvent de nombreuses et considérables fabriques. Ne pouvant les citer en détail, nous nous bornerons à citer les grands établissements métallurgiques *de Marquise*, bien connus en France et à l'étranger pour la qualité et l'importance de leur production en fonte de moulage, et objets moulés de tous genres.

A Boulogne même, les importantes usines renommées depuis nombre d'années pour la fabrication du ciment romain ; spécialité précieuse pour les travaux à exécuter dans le port, en même temps qu'elle constitue un excellent article d'exportation.

Les hauts fourneaux de la Société de Montataire, situés à 2 kilomètres de Boulogne.

Enfin, comme pouvant. fournir au chargement des navires un complément des plus utiles, l'exploitation des nombreuses carrières de marbre que renferme la contrée.

A la sortie de Saint-Omer, l'on entre dans le *bassin houiller du Pas-de-Calais*, où se rencontrent, en pleine activité, de nombreuses exploitations, parmi lesquelles il convient de citer en première ligne la *Compagnie houillère de Marles*, qui, à elle seule, suffirait pour alimenter toute la contrée, si la quantité d'ouvriers nécessaire ne lui faisait défaut.

Quelques kilomètres de plus et l'on arrive à *Lille*, à *Fives*, à *Roubaix*, à *Tourcoing*, villes dont l'intérieur et l'entourage constituent un centre manufacturier de filatures et tissages pour le coton, la laine et le lin, tellement connu qu'il suffit de le citer.

Un peu plus loin, l'on est à *Valenciennes*, au foyer de l'industrie métallurgique du Nord.

Il n'est également nécessaire que de nommer les *Forges d'Anzin*, les *Forges de Raismes*, les immenses établissements de construction métallurgique de *la Société de Fives près Lille*, l'important établissement du même genre *J.-F. Cail et Cie*, enfin *tout le bassin houiller d'*ANZIN, autour duquel une infinité d'autres industries se trouvent groupées.

Arrêtons-nous un moment ici, pour faire cette importante remarque, que cette proximité des plus riches bassins houillers du Nord est un privilége accordé par la nature au port de Boulogne-sur-Mer; *situation qui suffit à elle seule pour trancher la question de comparaison avec toute autre localité maritime de France*, en ce qu'elle assure à la navigation à vapeur la certitude *de pouvoir s'y procurer en abondance, et à bon marché, le combustible qui lui est indispensable.*

Avec autant d'abondance, et, à tout aussi bon marché qu'au port de Liverpool, autour duquel se trouvent des houillères non moins productives que celles du bassin d'Anzin, mais qui auraient peine à rivaliser avec celui-ci pour *la qualité* des produits; fait qu'il est très-facile de constater.

Que l'on pèse les conséquences naturelles de cette situation, identique à celle de Liverpool.

Reprenons maintenant le cours de notre voyage.

En continuant la voie ferrée, on arrive promptement et directement dans les Ardennes par *Mézières* et *Sedan*, contrée où s'effectue *la grande consommation des laines*, pour l'alimentation des nombreuses et renommées fabriques de draps qui y sont situées; d'où, après avoir passé *Thionville*, connu pour ses importantes et nombreuses tanneries, l'on arrive à *Metz*, ville de manufactures et d'entrepôt, puis à *Sarreguemines*, renommé pour ses faïences et poteries façon anglaise ; enfin à Strasbourg, ville de 100,000 habitants, entrepôt principal du commerce entre la France et l'Allemagne, la Suisse et l'Italie.

De là, l'on descend facilement et promptement jusqu'en pleine *Alsace*, vers *Colmar*, et enfin jusqu'à l'industrieuse ville de Mulhouse, en communication journalière avec Bale et la Suisse entière.

Nous pourrions aller plus loin encore. Nous aurions pu également citer bien d'autres localités plus ou moins importantes sous le rapport industriel et commercial qui se rencontrent sur le parcours ; mais cet écrit est destiné principalement à des commerçants et, sans doute, nous n'avons rien à leur apprendre à cet égard.

Ces diverses localités, tout aussi bien que les villes principales, ne peuvent, pour leur approvisionnement de matières premières et autres objets de consommation *venant de l'extérieur*, notamment *les cotons, les lins* et *les laines*, désirer rien de mieux que de voir l'arrivage et le marché de ces denrées s'établir à Boulogne-sur-Mer.

De ce grand point d'arrivée, le grand chemin de fer du Nord et autres transporteraient, en ligne presque directe, les matières premières exotiques réclamées par les besoins des nombreuses manufactures que nous venons de mentionner, en même temps qu'ils apporteraient à Boulogne, aux moindres frais possible, les produits industriels ou naturels destinés à *l'exportation*.

Est-il besoin de parler du voisinage de la Belgique et des nombreuses lignes de chemins de fer qui relient ce pays avec le port de Boulogne ? Combien de produits manufacturés en Belgique pourront, avec économie de temps et d'argent, être *exportés* en transit par Boulogne, au lieu de les faire remonter jusqu'à Anvers !

Nous ne pouvons, dans ce rapide exposé, donner que des indications.

Enfin, ne suffit-il pas d'ouvrir les yeux pour reconnaître que le port de Boulogne présente, comme position géographique, la situation la meilleure pour servir de trait d'union, de *port d'escale*, à la grande navigation entre les deux Amériques et les mers du Nord ; pour les relations maritimes avec les grands ports de la Baltique qui desservent l'Europe septentrionale, en même temps que pour le mouvement commercial qui déverse de l'un et de l'autre côté de l'Atlantique les riches et abondants produits de l'Allemagne, de la Russie, de la Suède, de la Norvége, etc., etc.

Nous ne saurions avoir la prétention de tout dire.

Revenons donc à STRASBOURG, parce que c'est là que se trouvent l'entrée, la communication directe avec le *Duché de Bade*, le *Wurtemberg*, la *Bavière* et autres contrées allemandes, et que c'est dans cette direction que se rencontre l'un des plus certains, des plus productifs éléments de prospérité assurés au port de Boulogne, l'ÉMIGRATION ALLEMANDE, à laquelle ce port d'embarquement peut être mis promptement et facilement à même d'offrir une voie nouvelle *plus avantageuse, plus économique, qu'aucune de celles suivies par elle jusqu'à présent.*

Personne n'ignore l'importance du courant d'émigration qui se dirige, depuis des années, des États allemands vers les États-Unis d'Amérique.

Ce courant d'émigration s'est effectué jusqu'à ce moment, en partie par le Havre, mais dans une proportion infiniment plus considérable par *Brême* et *Hambourg*, soit pour suivre entièrement la voie maritime par la mer du Nord et l'océan Atlantique, soit pour aller débarquer sur les côtes d'Angleterre, principalement à Hull, traverser, par les voies ferrées, toute la largeur de ce pays, et aller se réembarquer à Liverpool.

Les émigrants ne sont pas, malgré leurs nombreux bagages, ce qu'on entend par un *fret lourd;* mais c'est un fret qui paie *avant son entrée dans le navire*, et que convoitent les armateurs, lesquels dirigent volontiers leurs bâtiments de transport vers le point où ils pensent devoir le rencontrer.

N'y a-t-il pas lieu de croire que, dès que des *navires américains*, ou autres bâtiments de transport nationaux ou étrangers, viendraient stationner dans le port de Boulogne-sur-Mer, les divers courants de l'émigration *allemande*, pour ne pas dire *européenne*, se dirigeraient, se concentreraient promptement sur ce point d'embarquement, lequel, *avec une notable économie de temps et d'argent*, leur procurerait l'avantage d'éviter les frais, les longueurs et les dangers de la traversée de la mer du Nord?

Qui ne sait avec quelle parcimonie les émigrants sont le plus souvent forcés de calculer leurs dépenses?

Que faut-il donc pour que des navires américains soient volontiers, et *même par préférence*, dirigés vers le port de Boulogne-sur-Mer?

La réponse à cette question est complexe, mais elle n'a besoin, pour être comprise et appréciée, que d'être attentivement étudiée.

Il pourrait sembler d'abord qu'il suffirait, pour amener la réalisation de ce fait, d'approfondir comme nous l'avons dit, *l'entrée* du chenal et d'exécuter le *complément* de travaux nécessaire pour protéger ses abords par la construction d'une rade; mais *malgré tout ce que nous avons exposé plus haut*, ce supplément de dépense ne suffirait certainement pas seul. C'est, par-dessus tout, ce que nous désirons ardemment parvenir à faire comprendre, surtout à l'Administration publique, qui peut seule satisfaire aux nécessités de la question.

Il est une autre condition non moins essentielle, non moins *indispensable*, pour que, non-seulement le Port de Boulogne, mais *tout autre port de France*, puissent être en état de rivaliser avec les grands ports d'Angleterre.

Cette condition, c'est que les *importateurs* puissent rencontrer dans nos ports la même certitude de *facilités financières*, les mêmes facilités *pour l'écoulement de la marchandise*, qui leur sont assurées à Londres et à Liverpool.

Or, quoi qu'en puissent dire ceux dont l'état de choses actuel peut ne pas froisser les intérêts, *il n'en a été nullement ainsi jusqu'à présent.*

Dans l'étude publiée en 1869, intitulée :

« **L'organisation commerciale et le ma-**
» **gasinage public en France et en Angle-**

» **terre** (1); » j'ai entrepris de démontrer que l'infériorité de la France, *aux points de vue que j'ai indiqués plus haut,* ne tient plus *aujourd'hui* qu'aux vices de notre institution de *Magasinage public,* entravée par des prescriptions aussi gênantes que superflues, lesquelles n'ont pas permis jusqu'à présent d'utiliser les *warrants* et les *ventes publiques en gros* à la manière anglaise.

Je ne puis entreprendre de reproduire ici ce que j'ai cru pouvoir dire à ce sujet. Je ne puis qu'engager à le lire, ce que me permet peut-être de faire le sentiment d'intérêt public qui m'a conduit à soumettre ces importantes questions à l'appréciation de ceux qui ont intérêt à les approfondir.

Ainsi que je crois l'avoir démontré dans la publication susmentionnée, il suffirait que la loi du 28 mai 1858, relative au magasinage public, fût dégagée des formalités aussi superflues que *dangereuses pour le crédit commercial,* imposées par ses prescriptions; et alors s'ouvrirait pour la France, *au point de vue commercial et maritime,* tout un horizon d'avenir basé sur des résultats que l'expérience pratique a depuis longtemps réalisés ailleurs.

En ce qui concerne *le port de Boulogne-sur-Mer,* je crois avoir suffisamment établi, dans ce qui précède, que, comme porte *d'entrée et de sortie* du

---

(1) A Paris, chez MM. Guillaumin et Cie, éditeurs, 14, rue Richelieu,
Et chez MM. Chaix et Cie, 20, rue Bergère.
Envoi *franco* contre 2 francs en timbres-poste.

nord et de l'est de la France, il est en position de fournir à l'**importation** et à l'**exportation** des conditions qui ne laissent rien à désirer :

Des conditions *non moins avantageuses*, *non moins abondantes* que le port de Liverpool, en ce qui concerne les *chargements de sortie*, en articles *lourds* et *légers*, houille, fonte, fer, objets manufacturés de tous genres ;

Plus abondantes même, sous le rapport du précieux complément que lui assureraient le *passage et le transport des émigrants*.

Si l'on objecte que cet état de choses, incontestable quant à son existence, n'a cependant produit jusqu'à présent aucun effort assez efficace pour faire du port de Boulogne un centre commercial et maritime susceptible de rivaliser avec Londres et Liverpool, de partager, pour mieux dire, avec ces deux métropoles maritimes le mouvement commercial des deux hémisphères, la raison, la cause, est bien facile à indiquer.

Jusqu'à ce jour, le port de Boulogne-sur-Mer n'a été, en quelque sorte, qu'un « *cul-de-sac* ». Il n'a eu, jusqu'à présent, d'autre débouché que le chemin de fer du Nord, dans la direction d'Amiens, vers le midi, ou dans celle de Calais, vers le nord.

A partir du jour, très-prochain (1), où sera achevée

(1) Cette ligne est aujourd'hui terminée et en pleine exploitation (1874).

la voie ferrée *qui reliera Boulogne à Saint-Omer*, s'ouvrira, dans toute sa plénitude et sa puissance, la porte de l'est de la France, en ligne directe, nous le répétons, jusqu'à Munich, et plus loin encore.

Mais, hâtons-nous d'ajouter ceci, ce n'est pas seulement le port de Boulogne qui recueillerait, presque immédiatement, les productives conséquences des perfectionnements que nous réclamons dans la législation.

A partir de leur réalisation, l'IMPORTATION *directe*, devenue possible dans les principaux ports de France, des *matières premières exotiques*, nécessaires aux besoins de notre industrie nationale, dégrèverait nos manufactures des considérables *faux frais* qui ont jusqu'à présent pesé sur les prix de ces matières, si fréquemment obligées d'attendre dans les *Entrepôts anglais* les besoins de la France et du Continent. Qui ne sait que le prix du transport des matières premières exotiques est le point capital dans la solution des questions industrielles ?

Leur arrivage direct à Boulogne, où ne tarderaient certainement pas à s'établir :

1° Les magasins nécessaires pour les entreposer;

2° Un système de VENTES AUX ENCHÈRES PUBLIQUES, *dans le genre anglais* ;

suffirait pour qu'en concurrence, ou pour mieux dire, *en partage* avec le grand port du Havre, celui de Boulogne-sur-Mer assurât, dans les meilleures conditions possible, l'approvisionnement des manufactures du nord et de l'est de la France, en même temps que le développement du mouvement commercial basé sur l'exportation de leurs produits.

Ne serait-ce pas la meilleure des solutions à donner aux réclamations soulevées par les « TRAITÉS DE COMMERCE? »

A l'appui de tout ce qui précède (nous *supplions* ici qu'on nous prête attention), il n'y a aucune exagération à dire que le grand commerce des IMPORTATIONS *directes* est, en quelque sorte, encore à créer chez nous.

Nous avons en France, particulièrement à Paris, un très-grand nombre de maisons de commerce en rapport avec l'extérieur. Ce ne sont, pour la plupart, que des *Commissionnaires* ou des *Négociants* **exportateurs**.

Que l'on s'informe de quelle façon ils effectuent la presque totalité de leurs retours, ils répondront : *En traites sur l'Angleterre.*

Or, si nous n'avons pas eu, jusqu'à présent, *la possibilité* de réaliser *la double opération* de l'*exportation* et de l'IMPORTATION, c'est, je le dis de nouveau, parce qu'il nous manque le véritable WARRANT anglais, qui, dans ce pays, est l'AME du mouvement commercial ; c'est parce que nous n'avons pas la possibilité d'organiser les VENTES AUX ENCHÈRES PUBLIQUES A TERME, dont le *warrant* est également l'indispensable base.

In this fact reside all the question (1).

Que ces perfectionnements soient introduits par la révision de la législation ; que, simultanément, le complément de dépenses à faire au port de Boulogne soit effectué ; et c'est de ce port que partira, *nous osons le prédire*, une organisation de magasinage public, assurant tous les avantages que sa mise en pratique a, depuis longtemps, procurés aux grands ports de l'Angleterre.

Alors, et alors seulement, se trouvera réalisé le grand problème des IMPORTATIONS DIRECTES.

La France, pays autrefois et pendant de longues années principalement *agricole*, devenue de nos jours un centre *industriel* de premier ordre, se trouvera être, tout à la fois, un pays AGRICOLE, INDUSTRIEL et COMMERÇANT, appuyé sur une situation géographique qui lui assure autant, sinon plus de puissance d'action, qu'à ses plus formidables rivaux.

Nous ne pouvons terminer sans dire encore que les motifs sur lesquels cette prévision est fondée rencontrent à Boulogne un complément tout à fait exceptionnel.

Boulogne-sur-Mer, nous l'avons dit en commençant, est une ville *à demi anglaise*. Or nous croyons devoir exprimer à cet égard toute notre pensée : *C'est principalement sur les importateurs anglais et*

(1) Voir l'Étude ci-dessus mentionnée sur l'organisation commerciale et le magasinage public en Angleterre.

américains que nous présumons qu'il y a lieu de compter pour accomplir et utiliser au début le grand progrès commercial que nous prédisons.

Sinon meilleurs négociants que nous, du moins plus avancés dans les voies du grand commerce maritime, ils ne tarderont pas à apprécier où leur intérêt se trouve.

Les économies qu'ils réaliseront en effectuant les importations directement sur les points les plus rapprochés de la consommation, ne tarderont pas à le leur faire sentir, à partir du moment où, par des moyens identiques, ils rencontreront dans nos ports les mêmes avantages et facilités financières et autres que dans les entrepôts anglais.

Enfin ajoutons que nulle part, peut-être, mieux qu'à Boulogne, la réalisation du fait n'est susceptible de s'accomplir avec facilité, par une considération toute spéciale.

C'est que, indépendamment de la puissante attraction pour les étrangers que cette ville possède par elle-même, elle ne compte, quant à présent, que peu ou point de **négociants** dont l'intérêt jaloux pourrait envisager avec déplaisir la venue de concurrents, — l'entraver peut-être ; — aucune de ces habitudes contractées qui font reculer devant la pensée d'avoir à les modifier.

Il n'y a, à Boulogne, rien à changer, rien à détruire; il n'y a qu'à compléter et à organiser.

*N'y a-t-il pas lieu de penser que cet ensemble de faits devrait suffire pour décider l'administration des travaux publics à faire compléter les travaux nécessaires pour assurer à l'***entrée** *du port les conditions indispensables de* **sécurité** *et de* **facilité**, AU MOYEN DE LA PROMPTE CONSTRUCTION D'UNE RADE, **la seule chose qui lui manque aujourd'hui pour assurer son présent et son avenir?**

Combien d'autres considérations pourraient cependant encore être présentées ! Qu'il nous soit permis d'en produire une seule qui nous semble, sauf erreur, n'avoir pas été assez comprise jusqu'à présent.

Que de projets n'a-t-on pas mis en avant pour faciliter et développer les communications entre la France et l'Angleterre !

Sans parler de l'idée récente du creusement d'un Port nouveau à *Audresselles*, dans l'unique but d'abréger, *par l'emploi de plus puissants paquebots*, la durée et les inconvénients de la traversée de la Manche, idée dont la réalisation eût nécessité des dépenses relativement énormes, et qui, du reste, paraît maintenant abandonnée ; nous croyons devoir mentionner les études auxquelles plusieurs ingénieurs se sont successivement livrés *pour supprimer la traversée de la mer* : les uns en franchissant celle-ci au moyen d'un Pont gigantesque ; les autres, par le creusement d'un Tunnel sous-marin, qui pourrait fort bien, peut-être, présenter au dedans de pires dangers qu'au dehors.

Ne serait-il pas infiniment plus *simple,* plus *prompt*, plus *logique*, plus *sûr* et *beaucoup moins dispendieux* d'exécuter les travaux nécessaires pour améliorer *les abords* du port de Boulogne ?

Que par le prolongement des jetées ou autrement; par l'amélioration du système d'écluses de chasse; l'on parvienne à prévenir le retour des encombrements de sables à l'entrée du chenal, fait dont la possibilité est démontrée par plusieurs projets émanant d'ingénieurs des plus distingués, il deviendra dès lors certainement facile, à l'aide des puissants moyens de dragage que l'on possède aujourd'hui, d'enlever, une fois pour toutes, le faible banc de sable actuellement existant.

L'intérieur, aussi bien que les abords du chenal, acquerraient ainsi une profondeur d'eau suffisante pour admettre *à toute heure* les navires du plus fort tonnage. Il suffirait dès lors *d'augmenter la dimension des paquebots actuellement employés aux transports des voyageurs*, pour réduire, dans la limite du possible, *la durée*, les *dangers* et *autres inconvénients* de la traversée de la Manche entre l'Angleterre et la France.

L'on aurait, en même temps, et dans la meilleure situation, un PORT DE REFUGE, *depuis si longtemps et si vivement désiré par les nombreux navigateurs de la Manche.*

Ceci étant du ressort de MM. les Ingénieurs de l'État, c'est à eux qu'il convient de réserver l'étude de cette question, en se bornant à supplier que son *urgence* soit prise sans retard en considération, et que sa mise à exécution ne soit pas différée.

Puisse cet exposé être approuvé et pris en considération sérieuse par ceux, en si grand nombre, que ces questions intéressent et décider l'administration publique à en faciliter la prompte solution !

A. Lebaudy.

EXPOSÉ

ADRESSÉ LE 8 OCTOBRE 1874

à S. E. Monsieur le Ministre des Travaux publics

SOUS LE TITRE DE

LES

DOCKS DE BOULOGNE-SUR-MER

LEUR AVENIR

Monsieur le Ministre,

Depuis longtemps l'on recherche les moyens de faire que le port de Boulogne-sur-Mer soit plus facilement accessible aux navires de grande dimension ; des études spéciales ont été faites à plusieurs reprises, différents projets, plus ou moins dispendieux, ont été présentés et examinés par l'Administration des Ponts et Chaussées : *aucun d'eux, jusqu'à présent, ne paraît avoir mérité son approbation.*

Il est cependant plus que jamais désirable, dans l'état actuel des affaires commerciales, que la solution de cette si importante question puisse être obtenue, car il suffit d'y prêter une sérieuse attention pour reconnaître que le port de Boulogne a été doté par la nature d'avantages tellement exceptionnels, qu'ils pourraient, je crois, être considérés comme *providentiels*. Ils sont depuis longtemps *lettre morte*. Combien n'est-il pas à désirer qu'ils soient mis en valeur !

J'ai cherché à mettre cette vérité en lumière dans le travail d'étude qui accompagne cette lettre, intitulé : **le Port de Boulogne-sur-Mer, son présent et son avenir au point de vue commercial.**

Depuis que j'ai écrit cette étude, je me suis, avec l'expérience pratique d'un négociant, livré à la recherche des voies et moyens à l'aide desquels, en utilisant la position géographique du port de Boulogne, on pourrait mettre à profit ses avantages naturels.

Cette recherche, Monsieur le Ministre, n'a fait que corroborer la *conviction* exprimée dans l'étude sus-énoncée que, même en Angleterre, il n'existe pas une localité qui soit aussi richement dotée d'avenir que la ville et le port de Boulogne-sur-Mer.

Tout d'abord, comme position géographique, il n'en est pas qui soit mieux située pour être l'intermédiaire du commerce international; non-seulement pour les besoins d'approvisionnement du nord-est de la France, mais de toute l'Europe septentrionale, en ce qui concerne l'introduction des denrées et matières premières exotiques, et en même temps comme présentant les conditions les plus avantageuses à la navigation transatlantique. Ce que j'ai dit à ce sujet, dans l'étude susmentionnée, me paraît *incontestable*.

Pour tirer de ces éléments toutes les facilités qui peuvent et doivent en découler, il ne reste, il me semble, dans l'état d'avancement où est aujourd'hui le port de Boulogne, que peu de chose à faire.

Je l'ai dit déjà, et je le répète ici :

Il n'y a à Boulogne qu'à compléter et à organiser.

A l'appui de cette assertion, je joins à ma lettre un plan sur lequel j'ai indiqué, en rouge, les modifications qu'il me paraît *indispensable* d'apporter aux dispositions actuelles du port, et le complément de travaux qu'il y aurait à exécuter.

Au bas de ce plan, j'ai mis une légende pour en faciliter la compréhension.

Pour assurer d'autant mieux ce résultat, je crois devoir ajouter ici quelques explications en suivant l'ordre alphabétique de la légende.

A. — *Nouvelle jetée à construire pour l'établissement d'une* Rade.

Ceci est le point principal.

La construction de cette nouvelle jetée coûterait à Boulogne moins que partout ailleurs, la fabrication du ciment hydraulique étant l'une des principales industries de la ville, et le sable et la pierre n'y faisant pas défaut. Ce n'est absolument qu'une question d'outillage, et l'on sait que l'outillage pour ce genre de travaux a été singulièrement perfectionné, surtout à l'occasion du percement de l'isthme de Suez.

En plaçant cette jetée comme il est indiqué sur le plan ci-joint, on recueillerait de cette disposition de grands avantages :

1° Construite *parallèlement* aux estacades du chenal qui sert actuellement d'entrée au port, elle se trouverait protégée par celles-ci contre les flots et les vents du nord-est, de telle sorte qu'un seul mur, autrement dit *jetée*, serait à construire du côté opposé, soit celui du sud-ouest ; *disposition aussi économique que suffisante ;*

2° En donnant à cette jetée une longueur de 1,400 mètres, on atteindrait des profondeurs d'eau suffisantes pour n'avoir plus à redouter l'envahissement des sables, le prolongement en tête de cette ligne étant un plan incliné qui va en s'abaissant jusqu'à quinze mètres au-dessous du niveau de la basse mer, *ainsi que le démontre la carte hydrographique ;* or, le sable, entraîné par sa pesanteur spécifique, tend toujours à se diriger vers les profondeurs.

A cette distance de 1,400 mètres, la mer, *plus exposée à l'action des vents*, est *plus agitée qu'aux abords du rivage*, condition éminemment déterminante pour l'entraînement des sables vers les inclinaisons.

On aurait enfin, sous ce rapport, d'autant moins de crainte à éprouver, que l'extrémité de la nouvelle jetée formera avec la pointe de rochers sur laquelle, au sud, est situé le « fort de Mont-de-Couple », un vaste vide, en forme de triangle, ouvert du côté de la mer; il est donc présumable que celle-ci, arrêtée par la jetée, déposera dans ce vide et au pied de la jetée une grande partie du sable qu'elle charrie; d'où il résultera qu'elle en aura d'autant moins à déposer plus loin.

Ajoutons encore que, plus le dépôt de sable contre la jetée deviendra considérable et élevé, mieux il abritera celle-ci contre les flots et les vents du sud-ouest.

Le nouveau chenal qui résultera de notre disposition, parallèlement à celui actuel, — n'a pas la prétention d'être *un Port* en concurrence avec les magnifiques bassins de l'intérieur, mais simplement une porte d'entrée dans ceux-ci; il devra nécessairement être désensablé dans toute son étendue et ses abords, jusqu'au niveau des eaux profondes, tout au moins jusqu'à profondeur suffisante pour qu'un navire de fort tonnage puisse entrer, de jour et de nuit, dans le nouveau chenal, ne fût-ce que pour s'y réfugier. C'est pour cela que je crois devoir lui donner le nom de Rade d'abri.

B. — *Nouvelle écluse à construire en tête du port d'échouage actuel.*

J'ai indiqué dans l'étude ci-dessus mentionnée l'utilité de ce changement, je n'y reviendrai donc pas, si ce n'est pour dire que de la construction de cette nouvelle écluse résulterait une série d'avantages, que je vous demande la permission de soumettre successivement à votre appréciation.

Placée *en tête* du port d'échouage actuel, au lieu d'être *à la queue*, comme aujourd'hui, elle convertirait immédiatement cet emplacement en un vaste *bassin à flots*, de 550 mètres de longueur, sur une largeur moyenne de 160 mètres, *plus vaste, mieux situé, beaucoup plus commode, comme entrée*, que le bassin actuel.

Entre ces deux bassins, placés côte à côte, deux larges ouvertures devront être faites, l'une dans le haut, l'autre dans le bas, pour établir entre les deux une libre communication.

Ces deux ouvertures sont indiquées sur le plan par la lettre (O).

Ce nouveau bassin à flots, uni à l'ancien, constituerait déjà un emplacement maritime de premier ordre; nous verrons tout à l'heure qu'il s'étendra beaucoup plus loin.

Je ne puis passer sous silence l'avantage hygiénique qui résultera de la disparition, complète et à toujours, des nauséabondes et malsaines odeurs qui émanent, au moment de la basse mer, des vases et immondices de tous genres dont est infecté le port d'échouage actuel. Il doit suffire de signaler ce fait trop connu, hélas ! de tous les résidants à Boulogne.

Je m'arrête là un moment, Monsieur le ministre, pour vous faire observer que les travaux à faire *pour la construction de la jetée* et simultanément *pour la construction de la nouvelle écluse*, sont *les seuls* dans lesquels le concours de l'État, et l'intervention de MM. les Ingénieurs des Ponts et Chaussées aura à se produire.

Tous les autres travaux indiqués dans notre projet devant être à la charge, soit de la ville de Boulogne, soit de la Compagnie qui, par traité avec la ville, sera devenue concessionnaire des Docks, à charge d'y faire établir à ses frais tout ce qui sera jugé nécessaire.

Je reprends maintenant mon exposé.

Le port d'échouage actuel devra indispensablement être remplacé. Il le sera tout naturellement, nous l'avons déjà dit, par l'emplacement **infiniment préférable** *qui se trouve entre l'entrée du port d'échouage actuel,* où sera placée la nouvelle écluse, et l'*extrémité inférieure du chenal*, espace aujourd'hui dénommé *avant-port*.

Je dis *infiniment préférable*, car les petits bateaux de pêche et caboteurs verraient abrégé d'environ 600 mètres l'espace qu'ils ont aujourd'hui à parcourir pour arriver jusqu'au fond du port d'échouage actuel, où est placée la *halle aux poissons*, dont nous parlerons tout à l'heure, ce qui oblige les pêcheurs à attendre que la mer soit assez haute pour les transporter jusque-là.

Pour bien apercevoir à quel point l'emplacement que nous indiquons est *préférable*, *suffisant*, *commode* et *désirable*, il suffira de faire démolir une estacade en bois qui sert de communication avec la jetée ouest, estacade qui, dans notre projet, devra forcément disparaître.

Cette démolition faite, on s'apercevrait de suite qu'elle rend libre, comme port d'échouage, l'emplacement qu'elle met à découvert, *emplacement beaucoup mieux, infiniment mieux situé* pour sa destination que le port d'échouage actuel, *d'une étendue au moins égale à celui-ci* et qui, de plus, est susceptible d'être *très-facilement* agrandi.

Avant d'aller plus loin ouvrons ici une parenthèse. Nous croyons devoir le faire pour examiner préalablement une autre question toute spéciale, qui est celle indiquée sous la lettre **C**.

Port spécial des paquebots.

Nous commencerons par faire remarquer que tous les projets, sans exception, présentés jusqu'ici pour l'amélioration du port de Boulogne, notamment le dernier en date, patronné par les Notabilités boulonnaises, ardemment désireuses de voir enfin mettre une clef à la porte de leur port, et appuyé par la Compagnie anglaise du chemin de fer le « South-Eastern, » n'ont jamais eu d'autre objectif que le *transport des voyageurs* et le *transit des marchandises* entre la France et l'Angleterre, et *vice versâ.*

Dans ce projet, soumis en ce moment à la discussion devant le Conseil général des ponts et chaussées, l'on propose de construire un nouveau port, *en pleine eau,* par conséquent *sans tenir aucun compte des bassins actuellement existants dans l'intérieur de la ville.*

Ce port serait seulement relié avec les gares du chemin de fer du Nord par une voie ferrée de **deux kilomètres de longueur**.

En un mot, *faciliter les relations commerciales avec l'Angleterre* et *le transport des voyageurs a été le seul et unique objectif des promoteurs de ce projet d'établissement d'un port spécial.* Ils ne pouvaient naturellement en avoir d'autre.

Or, dans le plan même que nous soumettons à votre appréciation, cette question particulière, **très-digne d'être prise en sérieuse considération**, se trouve résolue d'une autre façon, mais d'une manière qui nous semble *infiniment plus satisfaisante sous tous les rapports.*

Ceci demande à être expliqué, je m'empresse de le faire.

Le port d'échouage actuel ne serait pas plutôt remplacé par celui dont nous avons parlé plus haut, que l'on devra s'apercevoir d'un fait *gros d'avantages*, pour la solution de la question spéciale dont il s'agit.

Ce fait, c'est *qu'entre les deux bassins à flot, à l'extrémité du terre-plein qui les sépare*, se trouve une vaste esplanade, *en ce moment inoccupée,* jusqu'à laquelle arrivent, *dès à présent*, les voies ferrées du chemin de fer du Nord.

C'est là que, à l'aide de quelques travaux fort peu dispendieux, l'on peut, *l'on doit rationnellement* faire arriver les paquebots et navires spécialement employés aux échanges de voyageurs et de marchandises entre la France et l'Angleterre.

Là, peut être établi et réservé pour eux, *sans nuire aucunement aux autres mouvements du port d'échouage,* un emplacement spécial présentant sur ses façades **5 à 600 mètres de quais,** *absolument en face des voies ferrées;* tellement que les voyageurs et marchandises pourront, à leur débarquement, les uns, monter immédiatement dans les wagons que le chemin de fer s'empressera sans doute de mettre à leur portée en y établissant une gare spéciale, *ainsi qu'il en est au port de Calais;* les autres être chargées, *presque sans frais*, sur les wagons de marchandises.

Cet emplacement est indiqué, sur notre plan, sous la forme d'une Darse, par la lettre C. Il nous paraît incontestable qu'il est, de beaucoup, préférable à celui qui est proposé. Les paquebots y seraient, en même temps, infiniment mieux à l'abri que dans le projet actuellement soumis à la discussion (1).

Cela dit, nous reprenons l'explication du plan ci-joint, en commençant par ce qui a rapport à la HALLE AUX POISSONS (D).

Il est extraordinaire de penser et, par conséquent, de dire, que l'emplacement choisi pour la réception et la vente du poisson, lequel oblige les bateaux de pêche à venir jusque-là, est, peut-être, *la principale cause qui a maintenu jusqu'à présent dans son état relativement inerte le magnifique emplacement utilisé seulement comme port d'échouage.*

Il est si difficile de revenir sur des habitudes contractées, pour ne pas dire invétérées !

Cette halle aux poissons aura nécessairement besoin d'être déplacée dès que le port d'échouage

---

(1) Le devis annexé au projet soumis en ce moment à l'examen de l'Administration des ponts et chaussées évalue à 15 millions la dépense présumée et *à sept années* le temps nécessaire pour la construction de trois jetées et le creusement de ce nouveau port, *placé en pleine eau.*

L'exécution de l'ensemble du projet que nous présentons ne demanderait probablement pas plus d'une année, et nous pensons (sauf erreur, n'étant pas ingénieur) que la dépense pour la jetée et l'écluse n'excéderait pas 1 million à 1,500,000 francs.

N'est-il pas permis de dire que cela vaut *dix fois mieux?*

sera devenu un bassin à flots; mais, hâtons-nous de le dire, ce sera pour son plus grand bien.

A l'extrémité inférieure du nouveau port d'échouage, se trouvera un emplacement (D), *infiniment préférable sous tous les rapports.*

C'est là qu'il conviendra de construire une *halle aux poissons.* En cet endroit il ne sera aucunement nécessaire de la bâtir aussi somptueusement que celle actuelle. Ce qui vaudra beaucoup mieux, ce sera de creuser, à droite et à gauche de cette nouvelle halle, deux canaux, chacun de 25 à 30 mètres de longueur sur 50 à 75 mètres de façade, *dans lesquels entreront les bateaux pour décharger, à fort peu de frais, leur poisson, presque dans la halle même.*

L'expédition pourra s'en faire d'une manière non moins économique; car devant les portes mêmes de cette halle viendront aboutir les voies du chemin de fer.

En adoptant l'ensemble des dispositions sus-énoncées, l'on ne changera absolument rien aux habitudes, non plus qu'aux mouvements actuels du port, si ce n'est pour y apporter de sensibles améliorations.

Les pêcheurs et caboteurs continueront d'entrer par le chenal actuel; ils trouveront plus vite à leur portée le lieu de déchargement; ils pourront même être maintenus à flot, s'ils le préfèrent, au moyen d'un creusement, très-facile à faire, de tout ou partie du nouveau port d'échouage, en communication immédiate avec la rade d'abri.

Rien ne s'oppose à ce qu'il soit donné au nouveau port d'échouage une profondeur égale à celle de la rade d'abri, si on le juge à propos.

Les pêcheurs gagneront ainsi du temps, une heure ou deux, plus, peut-être, pour l'entrée et la sortie du port, temps qui, multiplié par 365 jours, et par le nombre de bateaux de pêche, donne une somme de travail utile, très-digne d'être prise en sérieuse considération.

Leurs mouvements, à l'entrée et à la sortie, seront, comme aujourd'hui, entièrement libres et exempts de tous péages.

Il en devra être de même dans la rade d'abri, ouverte aux navires de toutes les nations, en faveur desquelles se trouvera enfin réalisé ce vœu, depuis si longtemps exprimé, la création d'un — Port de refuge, — sur les côtes de la Manche, où, entre le Havre et Dunkerque, il n'en existe pas, sur le sol français, un seul qui puisse mériter ce nom.

Achevons cette pensée, en disant que *le nouveau bassin à flots* pourra et devra, autant que possible, *être toujours conservé libre*, afin que, les jours de grandes tempêtes, on puisse ouvrir ses portes (*on pourra en établir deux, l'emplacement s'y prête*), à ces flottes de navires charbonniers, et autres, qui, en tout temps, sillonnent la Manche, *lesquels, en semblable circonstance, paieraient probablement bien volontiers un droit d'entrée dans les bassins à flots des Docks.*

Le projet que je soumets à votre appréciation, Monsieur le Ministre, est infiniment plus vaste dans son but que celui en cours d'examen. Je crois pouvoir ajouter qu'il est plus *rationnel*, plus *utile*, et surtout *plus complet* que tous ceux qui l'ont précédé. Il n'a pas pour seul objet la traversée de la Manche. Le nôtre a pour objectif l'introduction en France, par la puissante porte que présente le port de Boulogne, du COMMERCE TRANSATLANTIQUE INTERNATIONAL.

Abordons donc, maintenant, cette grande question.

Nous entendons par le Commerce transatlantique l'introduction directe en France des denrées et produits naturels de l'autre hémisphère, qui, jusqu'à présent, ont été FAUTIVEMENT s'entreposer dans les ports de l'Angleterre, principalement à Londres, à Liverpool et à Hull, pour y attendre les besoins de la France et de l'Europe continentale.

L'heure a sonné de mettre fin à cet état de choses, **contraire à la nature**, *et éminemment onéreux pour le commerce et l'industrie français, auxquels nous devons songer avant tout, mais, en même temps, non moins préjudiciable aux nations de l'intérieur de l'Europe, dont la France devrait être, au point de vue qui nous occupe,* **l'intermédiaire naturel.**

Le port de Boulogne-sur-Mer, nous croyons l'avoir démontré dans l'étude ci-jointe, renferme la solution de ce grand problème.

Géographiquement, nous le répétons, il suffit de jeter les yeux sur la carte du globe, pour reconnaître qu'il est infiniment mieux placé que Londres et Liverpool, en vue du but sus-énoncé.

Commercialement :

Celui qui écrit ces lignes connaît, pour les avoir visités et *étudiés* presque tous, les grands ports d'Angleterre aussi bien que ceux de France ; il n'hésite pas à affirmer que pas un seul ne saurait être mis en parallèle avec le port de Boulogne. Comme *disposition intérieure*, aucun qui offre plus d'*économie* et de *facilités* pour les *mouvements* des navires, leur *chargement* et *déchargement*, plus *de sécurité comme intérieur de port*, plus de supériorité pour l'*entretien* et la *réparation* des navires. — Bien plus encore pour en *construire*, en raison de la grande facilité d'y faire arriver de toutes parts, tant de l'Europe que de l'Amérique, les bois et autres matières premières nécessaires à cette spécialité de construction.

Boulogne-sur-Mer, si l'on juge convenable d'exécuter le plan que nous proposons, nous apparaît comme devenant l'un des ports le mieux situé, *le mieux agencé* de l'Europe.

Ce jour-là, il n'est peut-être pas éloigné, je le sens, et je le crois, tant il me semble *facile*, presque autant qu'il est *désirable*, de le faire arriver.

Tout est prêt à Boulogne pour saluer son aurore. Il ne manque plus, absolument plus, qu'une RADE D'ABRI pour protéger ses abords, et quelques aménagements intérieurs, *aussi faciles que relativement peu dispendieux à effectuer.*

Nous allons essayer de décrire, *pour prouver ce qui précède,* le mouvement qui devra se produire, presque de lui-même, aussitôt que les quelques dispositions préparatoires nécessaires auront été réalisées.

Nous avons dit plus haut que rien, absolument rien, ne serait changé aux mouvements et aux habitudes actuels du port, si ce n'est qu'ils se trouveront singulièrement facilités et améliorés ; nous n'y reviendrons donc pas. Nous n'avons plus à nous occuper que de ce qui a rapport à la grande navigation transatlantique, de ce qui peut, ce qui doit amener l'introduction *directe* dans les ports français du grand, de l'immense commerce des IMPORTATIONS.

Quant à celui des EXPORTATIONS, il en est le pendant naturel, mais nous le possédons déjà. Il a été, l'année dernière, d'environ 6 milliards, si nous ne nous trompons ; nous n'avons donc pas besoin de nous en préoccuper, il viendra de lui-même à Boulogne.

Nous essaierons simplement de décrire les mouvements qui, pour *l'importation* et *l'exportation*, nous paraissent devoir, à Boulogne, presque forcément, se produire en raison des heureuses, des exceptionnelles dispositions que présente l'ensemble du port, dès que le complément de travaux préparatoires nécessaires aura reçu *un commencement d'exécution.*

Disons d'abord, pour compléter un paragraphe précédent, que l'on aura, derrière la nouvelle écluse, une nappe d'eau *continue d'environ 2,000 mètres de longueur,* entièrement convertie *en un long bassin à flots,* nappe à laquelle viendront, en supplément, se joindre les eaux du bassin à flots déjà existant.

Nous disons 2,000 mètres environ, en nous arrêtant aux limites qui, partant de l'écluse nouvelle, se prolongent jusqu'à la ligne où s'arrêtent les *alluvions maritimes;* nous aurions pu dire beaucoup plus, si l'on ajoute les eaux de la rivière « la Liane », à laquelle les bassins du port servent d'embouchure.

Que l'on compare la force de projection que produira cette nappe d'eau, au service des écluses de chasse, avec celle qui existe aujourd'hui.

Nous pouvons maintenant suivre les mouvements des grands navires transatlantiques, à partir de leur entrée dans les bassins à flots, autrement dit dans les Docks de Boulogne.

Cet exposé mettra en même temps en évidence les divers travaux à exécuter pour l'établissement et l'agencement des Docks.

Sur le quai même, à l'entrée du premier bassin, ils rencontreront *les bureaux de la Douane.* Ils mettront leurs papiers en règle, en remplissant les formalités voulues.

Cela fait, ils se rendront tranquillement, quelque

temps qu'il fasse, en traversant les ponts tournants *(comme dans les Docks de Londres)*, jusqu'au long bassin le plus reculé ; à l'entrée de celui-ci ils trouveront de vastes magasins, spécialement disposés pour recevoir les marchandises exotiques produits des IMPORTATIONS (G).

Des magasins spéciaux devront être construits pour l'emmagasinement et la *conservation* des blés et farines venant d'Amérique ou d'ailleurs.

A l'aide des voies ferrées qui entoureront (qui entourent déjà en partie) tous les bassins, et des autres agencements qui y seront établis d'après les meilleurs systèmes, le déchargement des navires ne sera ni long ni dispendieux.

A côté de ce premier avantage, il s'en offrira un autre que voici : — Un grand navire, arrivant de l'autre hémisphère, se trouve souvent avoir besoin de plus ou moins de réparations. Aussitôt débarrassé de sa cargaison, il rencontrera, tout à côté des magasins, des CALES DE RADOUB (H), établies, naturellement, dans les meilleures conditions, *ce à quoi l'emplacement se prête admirablement.*

Un peu plus loin seront les cales pour la CONSTRUCTION DES NAVIRES, placées de manière à rendre facile la mise à l'eau, le lancement des bâtiments, aussitôt leur achèvement quelle que soit leur dimension (I).

En arrière des cales, seront établis les *forges*,

chantiers, *ateliers*, pour la fabrication des cordages, pour la confection des voilures, etc., etc.

Enfin, dans la partie la plus reculée se trouveront les *halles et hangars destinés à abriter les approvisionnements de houille*, *de bois de construction*, etc... qui devront y être et y seront toujours préparés à l'avance, dans des proportions en harmonie avec le mouvement toujours grandissant qui ne manquera certainement pas de se produire.

Nous devons remarquer ici qu'il y aura préalablement et nécessairement d'assez grands travaux à faire pour la mise en état des locaux maritimes. — Que peut-on faire sans travail préparatoire? — Les principaux ne sont, du reste, que des *creusements* dans le sable qui encombre en ce moment ces locaux et de la *grosse maçonnerie*.

Telles devront être, ce nous semble, les dispositions à adopter pour la *réception* des navires et des marchandises.

Déchargé, puis remis en bon état, le navire, après s'être pourvu de sa provision de houille, n'aura plus à demander qu'un *chargement de retour*. Il reprendra dès lors, paisiblement, son sillage en remontant les bassins, retraversant les deux ponts tournants, pour venir, dans le grand bassin à flots de sept hectares, se ranger bord à bord devant les magasins spéciaux où l'attendront les marchandises destinées à l'EXPORTATION.

Leur mise à bord, grâce aux voies ferrées et autres dispositions spéciales, ne sera ni plus longue ni plus difficile que ne l'auront été le déchargement et l'emmagasinage des marchandises importées.

Tel pourra, tel devra être, Monsieur le Ministre, dans sa puissante simplicité, le mouvement maritime et commercial des Docks de Boulogne-sur-Mer, presque aussitôt que sera acquise la *certitude* que la construction d'une RADE D'ABRI sera décidée.

Un commencement d'exécution devra suffire pour amener ce fait, attendu que, *dès à présent*, un navire, fût-il de 3,000 tonnes, peut, *au moment où la mer est dans son plein*, traverser le chenal actuel, puis, au moyen du sas éclusé, *entrer en pleine sécurité dans le grand bassin à flots, aujourd'hui existant.*

Mais, disons-le bien haut, **cela ne suffit pas.**

Il ne faut pas qu'un grand navire soit condamné à courir les dangers de la Manche, en attendant, devant le port, l'heure de la haute mer. Il est *nécessaire*, *indispensable*, qu'il puisse entrer à toute heure.

Cela ne suffit pas davantage pour entreprendre, avec chance de succès, *les négociations et démarches nécessaires* pour décider le commerce d'outre-mer, ainsi que la marine marchande américaine et anglaise, ou autre, à changer ses habitudes pour les transporter à Boulogne-sur-Mer.

La puissance d'un fait accompli ou en cours d'exécution peut seule amener ce si désirable résultat.

Après avoir décrit les préparatifs qu'il semble nécessaire de faire pour la réception des navires, ainsi que leurs mouvements probables à l'entrée et à la sortie, nous croyons devoir nous arrêter là.

Combien de choses pourtant nous aurions encore à dire ! *Nous les dirons plus tard.*

Telle, Monsieur le Ministre, apparaît à nos yeux de négociant la grande question du *port de Boulogne-sur-Mer;* la plus importante peut-être, aux points de vue *commerciaux, industriels* et *maritimes* qui puisse mériter, réclamer l'attention et la sollicitude du gouvernement.

Puisse cet exposé vous paraître mériter d'être pris en considération et contribuer à aider vos efforts pour le bien et la prospérité de la France!

Veuillez agréer, etc.

A. Lebaudy.

Paris, 8 octobre 1874.

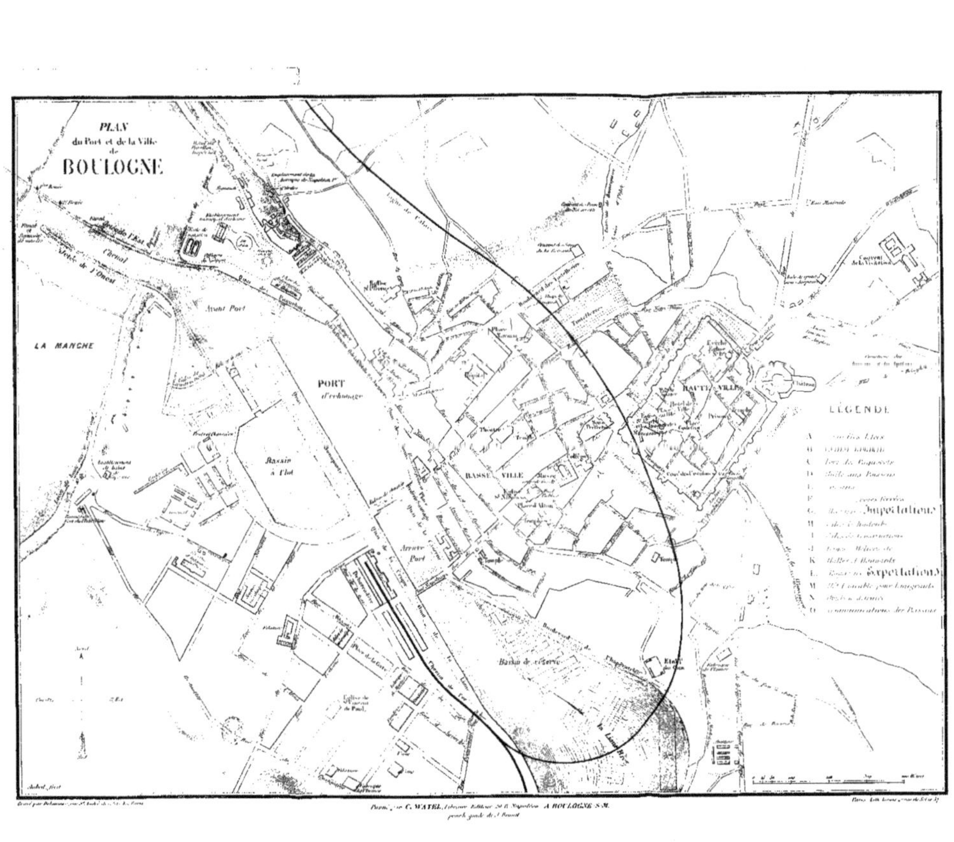
PLAN
du Port et de la Ville
de
BOULOGNE
LA MANCHE
Avant Port
PORT
d'échouage
Bassin
à Flot
Arrière
Port
BASSE VILLE
HAUTE VILLE
Théâtre
Château
LÉGENDE
Importation
Exportation
A BOULOGNE S-M.

DEUXIEME EXPOSÉ

A S. Exc. Monsieur le Ministre des Travaux publics.

28 octobre 1874.

Monsieur le Ministre,

Dans l'Exposé sur la question des Docks de Boulogne, que j'ai eu l'honneur d'adresser à Votre Excellence par lettre en date du 8 courant, j'ai mis cette phrase :

« Que de choses j'aurais encore à dire ! je les dirai plus tard. »

J'ai pensé, depuis, que j'avais peut-être eu tort de n'avoir pas été plus explicite sur deux points bien importants.

Je crois devoir réparer cette omission.

En parlant de la construction d'une nouvelle jetée, je me suis restreint à dire : « Elle coûtera à Boulogne moins que partout ailleurs. »

J'aurais dû dire de plus que l'enlèvement des sables, dans le nouveau chenal, *si épaisse que soit la couche qui se trouvera entre la jetée à construire et celles déjà existantes*, **jusqu'au niveau** *des eaux profondes*, ne coûtera, si je ne me trompe, à peu près **rien du tout.**

Il ne vous aura sans doute pas échappé, Monsieur le Ministre, en examinant le plan joint à ma lettre, que ce que je propose est, *au point de vue des sables*, une sorte d'instrument curatif hydrothérapique, les écluses de chasse, disposées comme il est indiqué au plan, *produisant une douche horizontale.*

Si je ne craignais de présenter une image triviale, je dirais que ce n'est autre chose qu'un monstrueux instrument « dont les deux chenaux (l'un de 1,000 à 1,200 mètres, l'autre de 12 à 1,400 mètres de longueur) forment la pointe, — pendant que les longs bassins à flots, derrière l'écluse, en forment le tube. »

Nous verrons, ci-après, quelle devra être son efficacité.

Voici, suivant moi, dans l'ordre des probabilités, comment les choses devront se passer

Dès que la nouvelle jetée à construire aura atteint un certain degré d'avancement (*chose facile, les travaux, au début, pouvant se faire à mer basse jusqu'à 7 et 800 mètres de la rive*), il devra suffire d'ouvrir les puissantes écluses de chasse pour que tout ou partie du sable qui se trouvera dans le nouveau chenal, au moyen du creusement d'une rigole au milieu, soit lancé au dehors, grâce à l'énorme et persistante force de répulsion assurée par la durée d'alimentation des écluses. En avançant alors, aussi promptement qu'il sera possible, le prolongement de la jetée, elle formera obstacle à la rentrée du sable expulsé.

En renouvelant ce mode de *purgation* à mesure qu'avancera la construction de la jetée, il y a lieu de croire, ce me semble, que les deux chenaux et leurs abords, *y compris le port d'échouage nouveau*, devront être complétement dégagés de sable, *jusqu'au niveau des eaux profondes*. Et cela *sans aucune dépense de main-d'œuvre ou autre.*

Je répète : jusqu'au niveau des eaux profondes, car un coup d'œil sur le plan hydrographique suffira pour faire voir qu'à 1,200 mètres environ de la rive, commence, au fond de la mer, un plan incliné qui va en s'abaissant jusqu'à 15 mètres de profondeur *à basse mer*.

Là se rencontre un fort courant par lequel le sable est entraîné au loin.

En raison de la pesanteur spécifique des sables, beaucoup plus lourds que l'eau, les faits susénoncés devront se produire, cela me semble indubitable.

Il me paraît, en outre, infiniment probable, si ce n'est certain, que, après l'achèvement des deux jetées qui enserreront les chenaux sur une longueur de 13 à 1,400 mètres d'un côté et 1,000 à 1,200 mètres de l'autre, la rentrée des sables ne sera plus possible. *Trouvant à la tête des chenaux un plan incliné, il n'est pas possible que les sables remontent en arrière.*

J'ajoute ici que, dans la disposition que j'ai indiquée, la rade d'entrée du port de Boulogne, à laquelle j'ai cru devoir proposer de donner le nom de **Rade d'Abri**, sera en fait un **Avant-Port**, ayant à son entrée une largeur de 200 mètres environ, jusqu'à la tête des deux chenaux, soit 800 mètres de profondeur. Là cette largeur se divisera en 110 ou 120 mètres dans le nouveau chenal, et 72 mètres dans celui déjà existant.

Ces dimensions sont certainement suffisantes.

Je passe maintenant à une seconde question qui n'est pas moins importante; elle se lie du reste intimement, par ses conséquences, avec la première.

J'ai dit dans l'Exposé du 8 courant que derrière la nouvelle écluse se trouvera une nappe d'eau continue, dont la longueur sera de 2,000 mètres, *jusqu'à la limite des alluvions maritimes.*

Cet état de choses sera nécessairement *permanent* à partir du moment où le « Port d'échouage actuel » aura été converti, par la pose d'une écluse à sa tête, en un bassin à flots, *constamment maintenu au niveau de la haute mer.*

Je ne pensais alors qu'au service des écluses de chasse, je n'étais pas d'ailleurs bien fixé sur le point jusque auquel la mer, à marée haute, s'avance dans la Liane.

Je me suis, depuis lors, assuré du fait.

Je suis, Monsieur, le Ministre, resté stupéfié de surprise.

Ce n'est pas 2,000 mètres que je devais dire en parlant de la nappe d'eau derrière l'écluse ; elle est, en réalité, de **huit mille mètres**, sans aucun obstacle, ni solution de continuité.

L'effet qui se produit à Londres, dans la Tamise, au moment de la haute mer, se produit exactement de même dans la rivière la Liane, **jusqu'au « Pont de Briques »**, première station du chemin de fer, *à six kilomètres de Boulogne.*

Au moment de la haute mer, la Liane devient navigable depuis son embouchure ; *elle devient une rivière tout aussi navigable que la Tamise. Quelques creusements, s'ils sont reconnus nécessaires, garantiront ce résultat.*

Toute l'immense vallée de six kilomètres entre Boulogne et Pont de Briques se trouvera desservie par cette magnifique voie d'eau, sur les rives de laquelle, à droite et à gauche, se présente une vaste étendue de terrains, presque incultes aujourd'hui, mais éminemment propices pour l'érection de fabriques de tous genres, de manufactures à l'instar de celles qui garnissent si puissamment le centre de l'Angleterre, entre Liverpool et Hull.

Je me bornerai à citer les manufactures où se travaillent si productivement les *cotons*, les *laines*, les *lins* et *chanvres*, sans oublier les *jutes* de l'Inde.

Plusieurs importantes fabriques de ce genre existent déjà à Pont de Briques.

Presque à Boulogne même, sur la rive gauche de la Liane, se présentent les grands hauts fourneaux de Montataire, et plus près encore, les puissantes et nombreuses usines d'où sortent les renommés ciments hydrauliques.

A une faible distance, « *via* Saint-Omer », se trouvent **les bassins houillers du Pas-de-Calais** et d'**Anzin** entourés d'une multitude d'établissements métallurgiques et autres, parmi lesquels il suffit de citer celui de *Fives-Lille,* le plus important peut-être, mais je crois pouvoir dire *le mieux agencé, le mieux administré* qu'il y ait peut-être en Europe.

Quel avenir pour les Docks de Boulogne et les contrées qui les avoisinent !!

Enfin Boulogne-sur-Mer est en droite ligne en face du centre de l'Amérique, de Philadelphie, de Baltimore, de Washington, etc., etc.

Je m'arrête, Monsieur le Ministre, mais en répétant :

Que de choses j'aurais encore à dire !

Je craindrais, si j'en disais plus aujourd'hui, de paraître m'égarer dans les régions de l'imagination.

Cela n'est pas, Monsieur le Ministre.

I see the way clear, and that is all!

J'ai l'honneur d'être, etc.

A. LEBAUDY.

Boulogne-sur-Mer, 28 octobre 1874.
(Villa Coligny.)

P.-S. — Quelques mots de plus pourront, peut-être, n'être pas superflus.

Deux projets sont en présence pour la construction d'une *Rade* à Boulogne.

L'un, dénommé « Port de Châtillon », est appuyé par les Compagnies de chemins de fer anglais « the South-Eastern », et « the Dover and Chatham, Railways », lesquelles le demandent particulièrement au point de vue du service des paquebots employés au transport des voyageurs et des marchandises.

Le coût des travaux à exécuter est estimé devoir être de *quinze millions*, et le temps réclamé pour l'achèvement *partiel* est un minimum de cinq années.

L'autre projet, celui que nous proposons, n'exige qu'une dépense *comparativement minime;* nous croyons pouvoir dire *dix fois moindre ;* en même temps qu'une incomparable *facilité*, et par suite *rapidité* d'exécution. Mais il présente encore un autre avantage ; *c'est qu'il n'empêche en aucune façon la mise à exécution du projet antérieurement proposé*, si les deux puissantes Compagnies anglaises le jugent utile à leurs intérêts.

Les promoteurs étant disposés à pourvoir aux dépenses, ainsi qu'ils l'ont déclaré, il ne reste à obtenir que l'approbation et l'autorisation du gouvernement français. A cela, nous le répétons, ce que nous proposons ne saurait apporter aucun obstacle.

Notre point de vue, complétement différent est, nous ne saurions trop le répéter, l'introduction dans les magnifiques bassins intérieurs du port du grand commerce international ; le commerce tout spécial des **importations.**

A. L.

TROISIÈME EXPOSÉ

A S. Exc. Monsieur le Ministre des Travaux publics

1er DÉCEMBRE 1874.

NOTA.

Ce troisième exposé est relatif à une question toute spéciale :

« **L'établissement d'un canal navigable, depuis » Boulogne jusqu'à Saint-Omer.** »

Création depuis longtemps désirée.

MONSIEUR LE MINISTRE,

Dans les deux lettres que j'ai eu l'honneur d'adresser à Votre Excellence au sujet du port de Boulogne, je me suis borné à soumettre à votre appréciation une série de voies et moyens par lesquels on arriverait à faire de Boulogne un port commercial de premier ordre.

Il est à ma connaissance que le plan d'ensemble, joint à ma première lettre, est, en ce moment, soumis à l'examen de MM. les Ingénieurs de l'État.

Je suis, pour ma part, entièrement convaincu

que, si un avis favorable du Conseil général des ponts et chaussées venait confirmer la validité de mes indications, la transformation commerciale qui s'opérerait dans le port et dans la ville de Boulogne serait aussi complète que prompte et assurée :

On croit facilement ce qu'on désire.

C'est pourquoi, sous l'impression de la confiance qu'une décision favorable sera le résultat des études en cours d'accomplissement, j'ai cru devoir continuer les miennes.

L'exposé ci-après en est le résumé :

L'*entrée* du port de Boulogne-sur-Mer, à toute heure, devant se trouver assurée, si l'on adopte le mode d'établissement d'une rade comme je l'ai indiqué, il n'y avait plus à s'occuper que *de l'autre extrémite des magnifiques bassins du port.*

Dans mes deux précédentes lettres, j'ai cherché à mettre en évidence les *immenses* avantages qui peuvent, qui doivent même, très-certainement, résulter d'un bon aménagement de la localité.

Il suffit, pour en demeurer convaincu, d'apprécier les conséquences des facilités productives qu'assurera l'existence, *jusqu'à huit kilomètres* DERRIÈRE *Boulogne*, d'une voie fluviale, qui transportera les matières premières jusqu'au seuil des usines déjà existantes, et de celles qui, très-certainement, et promptement, ne manqueront pas de s'établir dans la vaste et belle vallée dans laquelle la rivière « la Liane » achève son parcours.

La rapide création de ces usines ne peut être mise en doute, si l'on considère que, depuis les pays de production de ces matières, telles que les *cotons,* les *laines*, les *lins* et *chanvres,* les *jutes* de l'Inde, les *blés* d'Amérique, etc., etc., elles pourront venir *en ligne directe* jusque dans le port de Boulogne.

La profonde conviction de ce fait m'a porté à continuer l'étude des voies et moyens par lesquels on pourrait arriver à tirer de la localité tout ce qu'elle est susceptible de produire.

Boulogne-sur-Mer possède aujourd'hui une voie ferrée, qui « *via* Saint-Omer, » lui ouvre une porte de communication directe avec tous les départements du Nord-Est de la France, et beaucoup plus loin encore.

Il m'est venu à l'esprit la pensée que si l'on pouvait établir une *communication par eau*, depuis *Boulogne* jusqu'à *Saint-Omer*, où s'opère la jonction des importants canaux de *Neuf-Fossé* et de l'*Aa*, l'on placerait le port de Boulogne dans des conditions commerciales et industrielles tellement favorables que, à ma connaissance du moins, il n'en existe pas de plus avantageuses, ni en France ni en Angleterre.

J'ai déjà fait mention, dans ma première lettre, des innombrables manufactures, de tous genres, qui existent entre Liverpool et Hull, villes situées aux extrémités est et ouest du centre de l'Angleterre.

Les transports des matières brutes ou fabriquées s'y effectuent uniquement par les voies ferrées.

Entre Boulogne et Saint-Omer se présente une contrée presque égale en longueur à la partie *utilisée* dans le parcours anglais; mais *de beaucoup plus riche que celle-ci en produits naturels.*

Le jour où une voie fluviale viendrait, concurremment avec le chemin de fer, doter la contrée de ce double avantage, la comparaison entre les deux localités anglaise et française ne serait pour ainsi dire plus à faire.

Frappé de cette conviction, il m'a paru éminemment utile d'approfondir la question.

J'ai cherché à le faire, Monsieur le Ministre, en me livrant d'abord à l'examen des documents relatifs aux études de canaux, « projetés à différentes époques entre Boulogne et d'autres lieux. »

Je n'ai trouvé dans les archives des ponts et chaussées et à la Bibliothèque de Boulogne, en remontant jusqu'à l'année 1672, époque des travaux de l'illustre Vauban, autre chose que des mémoires et projets relatifs à des canaux à établir dans trois différentes directions : vers *Arras*, au moyen de la canalisation de la rivière la Canche ; « vers *Abbeville*, puis vers *Ayre-sur-la-Lys* ; » tous au travers des contrées plus ou moins montagneuses, dites « *le Haut-Boulonnais*. »

Je n'ai rien trouvé qui ait rapport à des études dans la partie dénommée « le *Bas-Boulonnais* », partie qui semble avoir été négligée, peut-être à cause de la haute chaîne circulaire de montagnes qui la sépare de l'autre partie du pays.

Je n'ai rencontré, à ce sujet, qu'un seul document, mais il m'a paru *précieux*. C'est un rapport rédigé dans l'année 1810 par M. J.-F. Henry, adjudant du génie.

Après avoir décrit, avec une parfaite lucidité, tout le cours de la rivière la Liane et ceux de ses très-nombreux affluents, il arrive à conclure comme suit :

D'après le détail précédent, il est visible que la nature a répandu, sur le sol de cet arrondissement communal, une immense quantité d'eau qui doit le rendre fécond et lui procurer des ressources inappréciables ; cependant, il faut le dire, *l'insouciance est telle dans ces contrées*, que ce qui devrait l'enrichir tourne souvent à son détriment et à sa ruine. Les cours des ruisseaux et des rivières sont tellement rétrécis et encombrés, soit par des éboulements de terre, soit par des broussailles, que dans certains endroits, même les plus spacieux des vallons, il est impossible d'apercevoir le cours des eaux. Des moulins placés sur le lit des rivières ferment totalement le passage, et lors des crues, les terres adjacentes sont inondées, les récoltes sont perdues et les communications interceptées.

En faisant disparaître tous ces obstacles, en redressant le cours de la Liane, en donnant plus de largeur à son lit, trop resserré dans certains endroits, en le diminuant vers son embouchure, où il est infiniment trop ouvert, en construisant quelques petites écluses pour tenir l'eau à la hauteur convenable, on rendrait cette rivière navigable, et, par ce moyen, on procurerait de grandes ressources à l'agriculture de ce pays.

Cette opération ouvrirait une voie sûre et économique pour le transport des denrées, et faciliterait l'enlèvement d'une immense quantité d'excellents engrais produits par la pêche des harengs et les immondices de la ville de Boulogne, qui, faute de débouchés, pourrissent dans les rues et sur le rivage, d'où ils répandent une odeur infecte, préjudiciable à la santé des habitants.

Frappé des judicieuses réflexions que contient ce rapport, je me suis mis à l'œuvre pour étudier la localité qu'il concerne.

Les conclusions susmentionnées m'ont tout d'abord paru parfaitement fondées ; mais il en découle une autre dont il n'est pas fait mention, et qui n'est certes pas moins importante quo celles présentées.

Non-seulement les inondations périodiques qui se produisent aux époques où les rivières et ruisseaux passent à l'état torrentiel causent de graves préjudices dans la contrée ; mais elles entraînent naturellement, dans le lit de la Liane, toutes les terres et détritus des rives, et *celle-ci les conduit jusque dans le port de Boulogne.*

C'est incontestablement à cette seule et unique

cause que sont dus les encombrements de vase et de sable qui remplissent les vastes emplacements dénommés : *bassin de réserve* et *arrière-port ;* circonstance excessivement préjudiciable à la réserve d'eau ménagée pour le service des écluses de chasse.

Si, comme l'indique l'adjudant Henry, le parcours de la Liane était rectifié et amélioré, les graves inconvénients susmentionnés cesseraient très-certainement de se produire.

Cette prévision, Monsieur le Ministre, m'a conduit à rechercher le plus ou moins de possibilité de canaliser la rivière la Liane.

J'en ai d'abord remonté le cours depuis *Pont-de-Briques,* en passant au-dessus de *Samer,* par les hameaux de *Crémarest* et de *Bournonville,* jusqu'au village de *Selles.*

Près de ce dernier endroit se trouvent les sources de la Liane, mais là aussi se rencontrent trois rivières qui, venant se jeter dans la Liane, lui fournissent, presque à sa naissance, une abondante alimentation.

Ces trois rivières, qui prennent leurs sources dans le cercle de montagnes qui entoure et enclôt le Bas-Boulonnais, ne tarissent jamais, au dire des gens du pays, et deviennent même torrentielles en hiver.

Depuis *Boulogne* jusqu'au village de *Selles*, je n'ai aperçu aucun obstacle sérieux à l'établissement d'un canal.

Son parcours serait déjà d'environ vingt-cinq kilomètres et cela, au travers de magnifiques vallées, aussi bien situées que possible pour la fondation de manufactures de tous genres.

Encouragé par ce premier examen, j'ai continué mes études en traversant la montagne, laquelle présente plusieurs inclinaisons, très-favorables, en ce qu'elles permettraient peut-être de traverser l'obstacle, au moyen d'une tranchée, sans avoir besoin de recourir au percement d'un tunnel, très-facile du reste à établir.

De l'autre côté des montagnes, se rencontrent plusieurs ruisseaux plus ou moins importants qui se dirigent tous vers la grande rivière l'*Aa*, à laquelle ils apportent le tribut de leurs eaux, en se déversant, préalablement, dans la rivière du *Bléquin*, laquelle se jette dans l'*Aa* à la hauteur du hameau de *Lumbres*, pour continuer rapidement, conjointement avec l'*Aa*, son cours jusqu'à Saint-Omer, où ces deux rivières alimentent le canal dit de l'*Aa*, faisant suite à celui de *Neuf-Fossé*, lequel est lui-même la continuation d'une longue suite de canaux dans diverses directions, et notamment jusqu'à Paris.

Tel est, Monsieur le Ministre, le résultat de mon investigation *préparatoire*.

Comme conclusion, je viens solliciter de Votre Excellence l'autorisation de faire procéder, à mes frais, à une sérieuse et complète étude des voies et moyens par lesquels pourrait être établi un canal navigable entre *Boulogne* et *Saint-Omer*, me présentant, dès à présent, comme demandeur en concession pour la construction et l'exploitation de ce canal, aussitôt que les études préalables auront démontré que son établissement ne rencontrera pas d'obstacles insurmontables.

Je me charge de constituer, à cet effet, une Société qui présentera toutes les garanties nécessaires.

J'ai l'honneur d'être, etc.

A. L.

P. S. Au sujet de cette étude, j'ai reçu, le 7 décembre courant, d'un honorable ex-ingénieur en chef du port de Boulogne, la lettre suivante :

« Monsieur.

» Ainsi que je vous l'avais promis hier, j'ai fait quelques recherches au sujet de la question dont vous m'avez entretenu, *celle d'un canal destiné à joindre le port de Boulogne aux canaux du département du Nord*, et voici ce que j'ai trouvé.

» Cette question a été étudiée par M. Brisson dans son travail d'ensemble sur la navigation intérieure de la France, et son projet **est tout à fait semblable à celui que vous avez conçu,** savoir : *la jonction de la Liane au ruisseau le Bléquin affluent de l'Aa.*

» Ce canal qui se rattacherait à celui d'Aire à Saint-Omer aurait 47 kilomètres de longueur. Ouvert comme canal de 2e classe, c'est-à-dire avec des écluses de 2m,60 de largeur, il coûterait, d'après l'estimation *faite en 1820*, par M. Brisson, 7,296,000 francs.

» Dans le cas où vous voudriez consulter l'ouvrage de M. Brisson, je vous le communiquerai très-volontiers.

» Agréez, etc.

» *Signé :* CHARIÉ-MARSAINES.

» **Inspecteur général des Ponts et Chaussées en retraite.** »

DEUXIÈME PARTIE

ÉTUDE

DE L'ORGANISATION COMMERCIALE

ET

DU MAGASINAGE PUBLIC

EN FRANCE ET EN ANGLETERRE

EXAMEN COMPARATIF

NOTE DE L'AUTEUR

L'aménagement du port de Boulogne n'aurait dû, peut-être, être présenté qu'à la fin de ce travail d'étude.

Il est nécessaire; en effet, pour apprécier la portée et les conséquences des travaux complémentaires proposés, de connaître les bases essentielles de l'organisation commerciale à introduire.

C'est ce que la suite de ce travail a pour objet de mettre en lumière.

Entreprendre d'utiliser la position géographique du port de Boulogne et ses magnifiques bassins, pour y fonder des Docks à l'instar de ceux de Londres et de Liverpool, n'est, en réalité, autre chose que passer de la théorie à la mise en pratique.

Qu'il nous soit donc permis de réclamer un complément d'attention en faveur des explications qui vont suivre, au sujet des résultats pratiques obtenus dans les entrepôts anglais.

A. L.

QUESTION SPÉCIALE

DU

MAGASINAGE PUBLIC

LETTRE

ADRESSÉE LE 31 JUILLET 1869

A Monsieur le Président et à Messieurs les Membres de la Chambre de commerce de Paris.

MESSIEURS,

Un sentiment d'intérêt général me porte à réclamer votre attention en faveur d'une institution qui, bien qu'elle ait plus d'une fois déjà occupé les Chambres de commerce, n'a pas encore reçu une satisfaisante organisation. — Mes convictions à cet égard me font considérer comme un devoir de la signaler de nouveau à l'attention de la Chambre de commerce de Paris.

C'est le MAGASINAGE PUBLIC.

Nous avons emprunté à l'Angleterre cette institution.

6

Il est de toute notoriété que le Magasinage public, perfectionné en Angleterre par plus d'un demi-siècle de pratique, y fonctionne dans des conditions telles, qu'il est devenu la base, l'origine, d'une série d'usages et de moyens d'action, dont les fécondes combinaisons ont considérablement développé, sinon complètement transfiguré, la puissance financière et commerciale de ce pays.

En Angleterre, les *Magasins publics* des Docks et autres, les *Warrants*, les *Ventes aux enchères* sont devenus les bases fondamentales sur lesquelles repose le mouvement commercial.

En France, nous en sommes encore à soupçonner à peine les services à obtenir de ces puissants instruments. Je pourrais presque dire qu'ils y sont encore inconnus.

Un simple exposé devra suffire pour le démontrer.

Pourquoi?

C'est que, dès son introduction en France, en 1848, l'institution du Magasinage public a été faussée dans son but et dans son application.

Vingt et une années d'expérience sont venues le prouver.

La fondation de Magasins publics, sous le titre de *Magasins généraux*, a eu pour origine et pour cause la crise financière qui a suivi la révolution de 1848. Dans le but de venir en aide aux commerçants aux abois, le gouvernement provisoire a décrété, le 21 mars 1848, la fondation de ces établissements, *uniquement* en vue de faciliter les *emprunts sur marchandises*, en permettant de représenter celles-ci par des *récépissés descriptifs*, transférables par endossement.

S'il s'en fût tenu là, le gouvernement provisoire eût doté la France du *Warrant anglais*, lequel n'est autre chose qu'un *Récépissé de la marchandise*, transmissible par endossement.

Il n'y avait plus qu'à réformer la législation en matière de *Ventes publiques*, en supprimant les droits fiscaux et les formalités préalables qui en rendaient l'usage commercial impossible, pour que les bases essentielles de l'organisation commerciale anglaise se trouvassent introduites dans notre pays.

Malheureusement il n'en a pas été ainsi. *Un règlement administratif*, en date du 26 mars 1848, vint imposer à l'emploi du *récépissé transférable* des conditions que les circonstances justifiaient, mais qui, en temps ordinaire, suffiraient pour dénoncer un grand état de gêne et de besoin chez le négociant qui consentirait à les accomplir, telles que :

« La constatation par deux experts, assistés d'un » courtier de commerce, ou d'un commissaire- » priseur, de la valeur de la marchandise déposée, » avec énonciation de cette estimation sur le récé- » pissé.

» L'obligation de faire inscrire sur les registres » des Magasins chaque transfert du récépissé, etc. »

Ces formalités, indices manifestes d'une *nécessité* de faire ressource de la marchandise, n'ont pas tardé à paraître aussi dangereuses qu'inutiles.

Est-il surprenant que, le moment de crise passé, l'emploi du Récépissé transférable ait été à peu près complètement abandonné ?

L'institution des Magasins publics s'est seule maintenue, parce qu'elle présente une économie de frais et de soins que le commerce n'a pas tardé à apprécier.

Une période de dix années s'est écoulée, pendant laquelle l'amélioration de cet état de choses a été vainement réclamée. C'est seulement en 1858 que la sollicitude de l'administration supérieure s'est manifestée par la présentation aux Chambres d'un projet de loi sur les *Magasins généraux* et sur les *Ventes aux enchères publiques des marchandises en gros.*

L'on eût pu et dû croire que ce projet de loi, *en ce qui concernait les Magasins généraux,* avait pour objet de supprimer les prescriptions et formalités dont dix années d'expérience avaient démontré les inconvénients.

Pourquoi n'en fut-il pas ainsi ?

Il faut bien qu'on le reconnaisse aujourd'hui ;

c'est parce que l'appréciation de cette question n'avait pas encore fait alors, *en dehors du commerce*, les progrès qu'elle a faits depuis.

Le nouveau projet de loi de 1858, envisageant l'institution des Magasins généraux *exactement de la même façon qu'en 1848*, non-seulement maintenait la plupart des dispositions existantes, mais les aggravait *en y ajoutant*.

Cette nouvelle loi adjoignait au Récépissé un second titre dénommé *Bulletin de gage*, en imposant à son emploi un surcroît de formalités.

« Obligation de mentionner sur ce titre l'emprunt » contracté, avec indication du taux d'intérêt, les » nom, profession et domicile du créancier.

» Obligation, pour ce dernier, de faire inscrire » cette mention *sur les registres du magasin*. »

Comme conséquence donc : *Obligation pour les commerçants de faire entrer le public dans le secret de leurs affaires et de leurs besoins.*

Puis, une série d'autres complications nécessitées par l'emploi de deux titres au lieu d'un.

Le Corps législatif lui-même, *ne considérant à ce moment la question qu'au point de vue des emprunts*, n'a apporté à la loi proposée qu'une seule modification.

La commission d'examen, frappée des inconvénients qui pouvaient résulter de la qualification de *Bulletin de gage*, proposa d'y substituer le mot *Warrant*, ce qui a donné lieu à la rédaction suivante :

« Art. 2. A chaque Récépissé de marchandises » est annexé, sous la dénomination de *Warrant*, » un *Bulletin de gage*, contenant les mêmes mentions » que le récépissé. »

La loi fut votée ainsi modifiée.

Cette organisation ne ressemble pas plus à l'entière liberté d'action, qui est la base du Magasinage public en Angleterre, que le *Bulletin de gage* ne ressemble au *Warrant anglais*.

Les dispositions de la loi française présentent même, à cet égard, une confusion des plus regrettables. Au titre principal, qui est le similaire du *Warrant anglais*, est conservée la dénomination de *Récépissé*, tandis que c'est au titre accessoire, au *Bulletin de gage*, d'un usage accidentel et exceptionnel, qu'est attribuée la qualification de *Warrant*.

Cette disposition inverse n'est certainement pas de nature à faciliter la compréhension.

Une nouvelle période de onze années s'est écoulée depuis la promulgation de la loi de 1858.

Pas plus que précédemment, les négociants n'ont voulu ou *osé* mettre en pratique des dispositions aussi susceptibles d'engendrer le discrédit.

Le *Bulletin de gage* est demeuré à peu près non employé, sauf, à l'occasion de spéculations, par quelques grandes maisons de commerce que leur position de fortune met au-dessus du *qu'en dira-t-on*.

Les banquiers eux-mêmes ont reculé devant les complications qu'engendre l'emploi de deux titres pour la constatation des avances sur marchandises, d'où il est résulté que beaucoup d'entre eux ont continué d'exiger que celles-ci fussent régularisées par un acte de nantissement, enregistré.

C'est en présence de cet état de choses que nous sommes encore aujourd'hui.

Cette situation, dont l'exactitude ne sera certainement pas contestée, est aujourd'hui devenue d'autant plus *préjudiciable* que, dans cette seconde période de onze années, se sont produits des faits d'une haute importance en ce qui touche la question.

En première ligne se présentent les perfectionnements apportés à la législation des *Ventes publiques*.

La loi du 28 mai 1858, dans sa seconde partie, relative à cette nature de ventes, est venue réaliser un fait considérable, en supprimant, d'un seul coup, *tous les frais et formalités* qui, jusqu'alors, avaient rendu ce mode de réalisation inapplicable à la vente des marchandises en gros.

Des *Docks*, ou *Magasins généraux*, existent maintenant dans nos principaux ports et centres commerciaux, même fort au delà des besoins.

La connaissance des avantages que procure le *Magasinage en commun* s'est vulgarisée en France pendant ces onze dernières années.

Enfin, il a été fondé trois grands établissements financiers, dont le titre seul suffit pour indiquer la mission et le but :

« *La Société Générale de crédit industriel et commer-*
» *cial ;*

» *La Société Générale pour favoriser le développement*
» *du commerce et de l'industrie en France ;*

» *La Société des Dépôts et de Comptes Courants.*

Aucun de ces instruments d'action n'existait avant 1858.

Ces établissements ont même peut-être été fondés trop tôt.

Des années se sont écoulées depuis qu'ils sont à la disposition du commerce. Quels sont les résultats qui en ont été obtenus ? Quelle efficace intervention ces établissements *de crédit,* fondés sur des bases si larges, ont-ils apportée dans les *affaires commerciales proprement dites ?*

Loin de moi la pensée de mettre en doute l'utilité

de leur fondation ; mais un examen attentif des comptes rendus annuels de ces établissements financiers démontre que, sauf l'escompte, en concurrence avec la Banque de France, du papier de commerce *de premier ordre,* ce sont les valeurs de Bourse, sous forme de reports, avances sur titres, ou autres opérations financières *en dehors du commerce,* qui ont surtout servi d'emploi aux capitaux dont ils disposent.

Pourquoi encore ?

C'est parce qu'il n'en saurait être autrement, c'est parce que l'instrument qui est le *trait d'union nécessaire* entre ces institutions et le mouvement commercial, le véritable *Warrant,* en un mot, est encore à créer chez nous. .

Pour se convaincre que telle est la *réelle,* et, disons-le, *l'unique* cause du mal, il suffit de se renseigner exactement sur la nature de cet instrument, sur sa portée, sur l'efficacité de son intervention en Angleterre, et l'on arrivera à reconnaître à quel point son concours est INDISPENSABLE au bon fonctionnement des institutions financières que nous possédons.

Je ne crois pouvoir mieux faire que de citer, à cet égard, quelques passages d'une étude publiée par M. E. Salvador, en 1857, lors de la fondation des Docks de Marseille, parce qu'il me paraît difficile de mieux dire une chose aussi vraie.

Extrait d'un ouvrage intitulé LES DOCKS ANGLAIS ET LE DOCK TALABOT (Chez Amyot, libraire).

« A part l'assurance maritime et la lettre de change, il n'y » a pas de contrat plus fécond, plus énergique dans ses effets » que le *Warrant*, ni qui se prête avec plus de souplesse à la » rapidité et à la multiplicité des transactions commerciales.

» Le Warrant, titre descriptif, représentant chaque partie de » marchandise, dont il indique le poids et l'état de conservation » ou de conditionnement, est, tout à la fois, la représentation » de cette marchandise et le mandat que donne celui auquel » elle appartient de la livrer à un tiers.

» Comme la lettre de change, il est transmissible par voie » de simple endossement.

» Lorsqu'un tiers veut retirer, en vertu d'un endossement » régulier, la marchandise dont il est devenu propriétaire, il » est tenu de payer les frais dus au magasinier à partir de la » date de création du Warrant.

» Comme rien n'est plus strict ni plus sévère que les dé- » chéances irrémédiables qui résultent des transports des » Warrants, les Docks examinent de très-près, avec le soin le » plus scrupuleux, la régularité des titres endossés, et ne négli- » gent rien de ce qui peut les mettre sur la trace des manœu- » vres frauduleuses auxquelles ils auraient pu donner lieu.

» Il est du reste à remarquer que ces fraudes se révèlent en » plus petit nombre que celles qui se produisent dans la circu- » lation des effets de commerce.

» Les Docks étant responsables de toutes les pertes et avaries » qui proviennent de la faute de leurs employés, le transfert » du Warrant s'effectue en toute sécurité. Le montant de la » facture se règle, non pas à la suite de la livraison réelle des » denrées, mais à la suite de la délivrance du titre qui les » représente ; l'usage, pour les ventes de gré à gré, étant

» de prendre pour base le poids constaté lors de l'entrée en » magasin.

» Mais là ne se bornent pas les effets du transfert du » Warrant. En outre, ou plutôt en raison du privilége de » propriété qu'il attribue au tiers porteur, il peut donner lieu » à des avances ou prêts sur les marchandise dont il représente » la valeur.

» Une maison de commerce a-t-elle des engagements qui » dépassent ses ressources en espèces, elle obtient avec facilité, » contre le simple dépôt, *avec endos en blanc*, des Warrants » qu'elle possède, les avances qui lui sont nécessaires.

» Ce sont, d'ordinaire, les courtiers qui servent d'intermé- » diaires pour ces avances, effectuées sous leur responsabilité » matérielle ou morale, par les banquiers et capitalistes.

» La spécialité de leur profession leur permet d'apprécier, » mieux que personne, les garanties qu'offre le titre et de graduer » les avances qu'ils procurent, suivant la situation du marché, » la nature et la qualité des marchandises, et la solvabilité de » l'emprunteur.

» Enfin, la mise en vente de la marchandise affectée à l'em- » prunt est ordinairement attribuée de préférence au courtier » par l'entremise duquel il a été réalisé.

» Il résulte de cette immense facilité ouverte aux emprunts sur » Warrants que l'*importateur*, en Angleterre, n'est point réduit, » comme en France, à proportionner ses opérations aux ressour- » ces personnelles dont il dispose; qu'il peut les étendre, les » faire succéder rapidement les unes aux autres, et se livrer, » sans crainte, aux entreprises les plus vastes, les plus cosmo- » polites de l'univers.

» *Parmi les institutions qui ont porté à un degré inouï de* » *splendeur et d'universalité le commerce de l'Angleterre, le* » WARRANT, *avec sa facilité de transfert, est sans doute le plus* » *fertile en résultats. Facilités de ventes, facilités d'emprunts,*

» *impulsion prodigieuse apportée au mouvement commercial : on*
» *peut dire que ce merveilleux et économique instrument joue un*
» *rôle non moins considérable dans les affaires que la Lettre de*
» *change, et qu'il est à la circulation, au transfert, à l'écoule-*
» *ment de la marchandise ce que la vapeur est aux transports.»*

Dans ce lucide exposé, un seul point important me paraît oublié. Ce n'est pas seulement par l'économie qu'il procure dans les ventes de gré à gré, ou dans les ventes aux enchères *au comptant*, en évitant les frais de déplacement de la marchandise, que l'utilité du Warrant se fait sentir ; c'est surtout par les facilités qu'il apporte à la rapide et fructueuse réalisation des *Ventes publiques à terme*, appelées ventes *au prompt*, si largement pratiquées en Angleterre.

Lorsqu'une vente publique doit avoir lieu, le Warrant, représentant la partie de marchandise à vendre, est envoyé au Magasinier, pour être remplacé par un certain nombre d'autres, au nom de la personne qui réclame l'échange. Ce nombre de nouveaux titres est égal à la quantité de lots que l'on prépare pour la vente, ce qui donne lieu à une nouvelle constatation de poids et, en même temps, à une prise d'échantillons.

Ces nouveaux titres, appelés *Warrant de vente* (*sale Warrants*) sont accompagnés d'un nombre égal de duplicata, intitulés *Weight-note* (note de poids), sur lesquels sont inscrites les mêmes mentions d'espèce, de qualité et de poids que sur le Warrant de vente.

Dès que la marchandise est adjugée, le *Weight-note*, correspondant au lot vendu, est seul remis à l'acheteur, auquel, moyennant le paiement d'un à-compte de 10 à 20 0/0, suivant la nature de la denrée, il est accordé, pour prendre livraison, un délai qui est stipulé sur le Weight-note. Ce délai varie de 30 à 90 jours.

Durant ce laps de temps, l'acheteur est autorisé à faire acte de propriété ; il peut revendre la marchandise ; mais il ne peut la retirer du magasin avant d'avoir obtenu du vendeur primitif la remise du *Warrant :* autrement dit, avant d'avoir complété le paiement, ou remis un règlement satisfaisant.

Dès que le délai stipulé sur le Weight-note est expiré, ce titre est considéré comme nul et le Warrant suffit pour obtenir la livraison.

Facilités pour l'acheteur, sécurité complète pour le vendeur se trouvent ainsi réunies.

Est-il besoin de faire ressortir le stimulant et l'activité qu'apporte dans les affaires ce mode de réalisation, résultats dus au mécanisme aussi ingénieux que simple sur lequel il est fondé?

Tels sont les avantages et les facilités que l'on eût pu mettre à la disposition du commerce français dès 1848, si la question du Récépissé transférable *eût, à cette époque, été mieux appréciée.*

Pour comprendre à quel point il est regrettable

qu'il n'en ait pas été ainsi, il suffit d'examiner les états qui constatent, en France comme en Angleterre, les mouvements du COMMERCE EXTÉRIEUR; celui qui alimente plus particulièrement les Magasins publics, dans lesquels les marchandises IMPORTÉES, les matières premières, les produits des récoltes annuelles viennent attendre les besoins successifs de la consommation.

Les états que j'ai sous les yeux indiquent les mouvements de l'année 1867.

ANGLETERRE.

En Angleterre, la valeur des *importations* effectuées dans ladite année a été de *six milliards huit cent quatre-vingt-deux millions.*

Si l'on veut, faute d'un document précis, déduire la moitié de ce chiffre, pour représenter la portion de ces importations qui ne séjourne pas dans les magasins publics, soit parce qu'elle est immédiatement livrée à la consommation, soit par toute autre cause, il restera au delà de TROIS MILLIARDS ET DEMI.

C'est cette valeur qui, *aussitôt l'entrée en magasin*, est, en Angleterre, annuellement représentée par des Warrants, que les négociants mettent en portefeuille, en attendant le moment opportun pour la vente; et qu'ils utilisent, au besoin, comme garantie d'avances, sans plus de préoccupation qu'un négociant français lorsqu'il présente à l'escompte, à la Banque de France ou ailleurs, un bordereau de valeurs de son portefeuille.

Les deux faits peuvent être considérés comme identiques : le Warrant représentant la marchandise *à vendre*, comme le billet de l'acheteur représente la marchandise *vendue*.

Avec cette différence, toutefois, que le billet d'un commerçant n'a pour garantie que la solvabilité du souscripteur, tandis que le Warrant apporte en garantie la marchandise elle-même.

FRANCE.

En France la valeur des *importations* s'est élevée, dans l'année 1867, à *quatre milliards trente millions*.

Quelle est la portion de ces marchandises qui est entrée dans les magasins publics?

La portion à déduire du mouvement général est probablement plus considérable qu'en Angleterre, parce que le magasinage en commun n'est pas encore entré au même degré dans nos habitudes commerciales; mais nos importants produits indigènes, tels que *sucres, grains et farines, métaux, graines oléagineuses, vins* et *esprits, etc.*, sont à ajouter aux importations, et, peut-être, la réunion de ces deux éléments nous place-t-elle au niveau de l'Angleterre en ce qui peut servir d'alimentation au magasinage public.

Tout au moins, une valeur de DEUX A TROIS MILLIARDS pourrait, en France, être annuellement représentée par des *Warrants*.

Il n'est certainement besoin de rien ajouter à cet énoncé de chiffres pour faire apprécier l'importance de la ressource financière *permanente*, en même temps que l'étendue des facilités et économies dont le commerce français a été, jusqu'aujourd'hui, privé, faute d'existence du *Warrant anglais*, que le *Bulletin de gage* français n'est évidemment pas susceptible de remplacer.

N'est-il pas temps de prendre en considération cet ensemble de faits, après vingt et un ans d'essais infructueux?

Nous possédons aujourd'hui tous les éléments nécessaires pour assurer le bon fonctionnement des Warrants dans les mêmes conditions que l'expérience a consacrées ailleurs.

UN SEUL ACTE *reste à accomplir.*

Cet acte est la création du véritable WARRANT ANGLAIS; ce qui implique nécessairement la révision de la loi du 28 mai 1858, *dans sa partie relative aux Magasins généraux*, ou son remplacement par une loi nouvelle, laquelle, pour être efficace, a besoin d'être conçue en termes très-simples, et dégagée de toutes complications.

Il faut que le *Récépissé* redevienne ce qu'il aurait

toujours dû être, un simple *Reçu descriptif*, délivré au déposant et transmissible par endossement;

Que son endossement en blanc suffise pour conférer au porteur tout privilége sur la marchandise et le droit d'en disposer, *sous réserve des conventions intervenues entre les parties;*

Que cet acte soit réalisé, et les conséquences surgiront d'elles-mêmes. Bientôt après, les négociants français n'auront plus rien à envier à leurs voisins et rivaux, sous les rapports de la puissance financière, de la facilité et de la solidité de leurs entreprises, quels qu'en puissent être l'importance, l'éloignement ou la durée.

Tels sont en résumé, Messieurs, les faits sur lesquels il m'a paru du devoir d'un négociant d'appeler vos sérieuses méditations.

Il appartient à la Chambre de commerce de Paris de prendre l'initiative d'une proposition de ce genre.

Si, après examen, elle décide qu'il y a lieu de le faire, la Chambre de commerce se trouvera pleinement d'accord avec les prévisions de l'honorable rapporteur de la susdite loi du 28 mai 1858, M. Ancel, du Havre, dont le rapport se terminait par les réflexions suivantes :

« L'intérêt public n'est presque pas mêlé à cette
» législation. Ce sont des intérêts privés qui ont
» en face d'eux d'autres intérêts privés; il convient

» de s'en remettre beaucoup à leur vigilance, à leur » sens pratique, pour aplanir la plupart des diffi- » cultés qui apparaissent.

» Le fonctionnement des Warrants et les services » qu'ils ont rendus eussent été bien différents si » beaucoup de formalités inutiles ne les avaient pas » entravés.

» La loi actuelle ne sera pas le dernier perfec- » tionnement de cette institution chez nous, mais » elle est un grand progrès (1) qu'il ne faut pas » atténuer par des prescriptions et par des règles » qui en paralyseraient le bienfait. »

J'ai l'honneur d'être, Messieurs, avec la plus parfaite considération, votre très-humble serviteur.

A. L.

Paris, 31 juillet 1869.

---

(1) Ceci s'applique, sans aucun doute, à la seconde partie de la loi, relative aux ventes publiques.

DEUXIEME LETTRE

ADRESSÉE LE 30 SEPTEMBRE 1869

A Monsieur le Président et à Messieurs les Membres de la Chambre de commerce de Paris.

MESSIEURS,

Depuis la lettre que j'ai eu l'honneur d'adresser à la Chambre de commerce, le 31 juillet dernier, pour réclamer son attention en faveur de l'importante question du Magasinage public, il s'est produit un fait assez sérieux pour qu'il me paraisse nécessaire d'ajouter une annexe à ma première lettre, *principalement relative au* WARRANT, et d'aborder le fond même de la question.

J'ai eu connaissance d'une suite d'articles publiés par le journal *l'Universel*, dans lesquels, prenant en main le drapeau du progrès, ce journal expose l'état actuel des choses en ce qui concerne le Magasinage public en France et à Paris. Après avoir fait ressortir, dans son numéro du 16 août, *à quel point ce qui existe en France est loin de pouvoir être considéré comme satisfaisant,* l'auteur de ces publications, exprimant l'opinion qu'il serait trop long d'attendre une révision de la loi du 28 mai 1858, émet la proposition de constituer un syndicat parmi les directeurs des Magasins généraux existants, afin qu'ils puissent aviser par eux-mêmes aux moyens d'améliorer la situation.

S'il n'y eût eu que ces publications, je ne me permettrais pas d'en entretenir la Chambre de commerce, considérant d'ailleurs que l'idée en elle-même n'a rien de blâmable, car c'est de l'union que naît la force; mais le même journal annonce, dans son numéro du 17 septembre, que, sur son invitation, une réunion d'un certain nombre de directeurs de Magasins a eu lieu le 14 septembre dans ses bureaux, et qu'elle a eu pour résultat la nomination d'une *Commission d'initiative* à l'effet d'arriver à constituer le syndicat proposé.

Ceci est un fait sérieux, et au point de vue de l'intérêt général, *auquel il importe que cette grave question ne soit pas de nouveau et plus amplement compromise*, il doit être permis d'examiner si cette agitation, provoquée sans nul doute à bonne intention, est de nature à produire un résultat véritablement utile.

Je ne saurais le penser pour ma part, et c'est pour cela que je demande à la Chambre de commerce la permission de lui soumettre les motifs sur lesquels cette opinion est fondée, afin que l'initiative qu'il est si vivement à désirer de lui voir prendre ne soit pas différée.

Je l'ai dit dans ma première lettre et je le répète sans crainte d'être contredit : l'*Institution du Magasinage public en France a été dès sa création, en 1848, faussée dans sa nature et dans son application.*

Je crois en avoir suffisamment expliqué les causes dans ma première lettre.

Quoi qu'il en fût, la majorité des commerçants, fort peu renseignée à cette époque sur ce qui existait ailleurs, se laissa aller à penser que c'était ce que l'on pouvait faire de mieux, que c'était même la seule chose désirable et possible sous l'empire des circonstances amenées par la révolution de 1848, et en présence de la législation d'alors en matière de *ventes publiques* et de *prêts sur nantissement*.

Cette dernière pensée n'était alors que trop fondée.

Un certain nombre de *Magasins généraux* furent dès lors immédiatement fondés, tant à Paris que dans quelques autres localités.

Leur début fut utile, mais on ne fut pas long à s'apercevoir que ces établissements, entièrement basés sur les principes et les règles des *Monts-de-Piété*, n'étaient nullement ce qui pouvait s'accorder avec les besoins du commerce, dans l'état normal et le cours ordinaire des affaires.

De là un temps d'arrêt dans l'empressement momentané du commerce à réclamer le concours de ces établissements.

Ce temps d'arrêt a duré dix années.

La loi du 28 mai 1858 est enfin venue donner à l'ensemble de la question un élan nouveau.

Quel élan !

Est-il besoin de rappeler la triste histoire de la Société des Docks Napoléon, société constituée au capital de 55 millions pour une entreprise à peine susceptible de rémunérer honnêtement un capital de 8 à 10 millions, à moins de prélever des frais de magasinage fabuleux, ce qui n'eût pas tardé à amener une autre certitude de prompt décès.

Faut-il aussi parler pour mémoire des Docks de la Cordonnerie, des Docks des Marchands de vêtements confectionnés, etc., etc.

L'élan ne fut pas moindre dans les départements. De nombreuses demandes d'autorisation pour fonder, le plus souvent dans des villes secondaires, *des Magasins généraux, avec annexion de Salles pour les ventes publiques en gros,* furent adressées à l'Administration.

Plus de *cinquante* autorisations ont été accordées.

La « *Furia francese ?* » a joué son rôle. Etait-ce une soif de progrès qui animait le commerce et l'industrie français? — Peut-être; mais il faut en même temps reconnaître qu'elle était accompagnée d'une singulière absence d'étude de la question qui l'avait mise en éveil.

Combien de personnes en France auraient, à cette époque, été en état d'expliquer ce que c'était et ce que signifiaient les mots de *Docks,* de *Warrant, Sale-Warrant, Weight-note* et ventes *au Prompt ?*

La loi de 1858, incomprise par les législateurs eux-mêmes, en ce qui concerne le *Warrant* (on ne doit plus craindre de le dire aujourd'hui), *avait néanmoins réalisé un fait considérable par les facilités qu'elle apportait à l'organisation des ventes publiques en gros.*

N'eût-on pas dû, dès lors, commencer par se rendre exactement compte de ce qui existait chez nos voisins d'outre-mer, où, depuis si longtemps, l'organisation de *magasinage en commun* et des *ventes aux enchères* fonctionne dans des conditions que la pratique a perfectionnées autant qu'on puisse l'espérer.

Dès les premières investigations, on eût reconnu *ce fait capital et fondamental :* c'est qu'il n'existe en Angleterre de Docks ou Magasins publics, *émettant* des *Warrants*, qu'à Londres, à Liverpool et dans l'important port secondaire de Hull, situé sur la mer du Nord.

Cela suffit aux besoins de l'immense commerce de l'Angleterre, et la raison en est facile à comprendre.

Les seules marchandises susceptibles d'entrer naturellement dans les Docks-Entrepôts ou autres Magasins publics, et qui puissent être rationnellement représentées par des Warrants, sont les denrées provenant du commerce D'IMPORTATION, *et les produits* NATURELS *du sol.* Soit, les matières premières exotiques, les productions des récoltes annuelles, *obligées d'attendre, souvent longtemps, en magasin, les besoins successifs de la consommation.*

On eût, dès lors, certainement reculé devant les velléités de fonder dans les villes secondaires de France des établissements qui ne peuvent y être que d'une insignifiante utilité, et *peuvent même, faute de le comprendre à l'avance, y ouvrir la source d'un très-grand danger.*

Quel peut être, en effet, leur élément de produit, si ce n'est l'emmagasinage et *la représentation par des Warrants-Bulletins de gage* des produits *manufacturés* dans leur localité?

Cela ne pourrait avoir pour résultat que de faciliter, de *surexciter* la production manufacturière au delà des besoins de la consommation, et une crise manufacturière ne tarderait certainement pas à en être la conséquence funeste.

Quant à ce qui a rapport aux ventes publiques en gros, les faits sont absolument identiques. Leur fonctionnement en Angleterre, appuyé sur leurs ingénieux corollaires, le *Sale-Warrant* et le *Weight-note*, n'existe également qu'à Londres, à Liverpool et à Hull. Elles ne sont d'ailleurs alimentées que par la vente des denrées provenant du commerce *d'importation.*

Les acheteurs envoient leurs ordres sur ces trois places, ou s'y rendent eux-mêmes, aussi bien de l'étranger que de l'intérieur.

Il doit donc être permis de conclure que, alors qu'une longue expérience n'a pas fait sentir à nos pratiques voisins le besoin ou la possibilité d'étendre le cercle de fonctionnement de ces institutions, il y aurait beaucoup de présomption, et fort peu de chance de succès, à vouloir l'innover en France; d'où l'on arrive à cette conséquence, que les besoins réels et la nécessité d'obtenir un produit rémunérateur réduiront *forcément* le nombre des magasins publics à ceux *déjà fondés* dans nos grands ports maritimes, savoir : *le Havre*, *Marseille*, *Bordeaux*, *Nantes;* peut-être *Rouen* et *Dunkerque* et, à coup sûr, Paris, auquel sa constitution tout exceptionnelle de ville manufacturière de premier ordre, en même temps que de centre monstrueusement consommateur, permet de tout entreprendre.

C'est là, et c'est là seulement, que pourront fonctionner avec utilité et profit pour tous les *Warrants*, dès que cet instrument aura été créé dans les conditions voulues, *ainsi que l'organisation des ventes publiques pour les marchandises en gros.*

Quant à Lyon, l'importante spécialité du commerce des soies brutes est certainement une chose très à considérer; mais je déclare ne pas connaître suffisamment cette question pour me permettre d'en parler.

En présence de cet ensemble de faits, la formation d'un syndicat, nécessairement en partie composé des directeurs des magasins ouverts dans les villes secondaires, *dût-il avoir pour objet de solliciter la révision de la loi du 28 mai 1858*, ne saurait indubitablement avoir l'efficacité d'une demande qui serait formulée par la chambre de commerce de Paris, *ou, tout au moins, appuyée par elle.*

J'ai l'honneur d'être, Messieurs, avec la plus parfaite considération,

Votre très-humble serviteur.

A. L.

Paris, 30 septembre 1869.

RÉPONSE

Paris, 27 décembre 1869.

CHAMBRE
DE
COMMERCE
DE PARIS

MONSIEUR,

La Chambre de commerce a lu avec beaucoup d'intérêt les deux lettres que vous lui avez adressées sur la nécessité de réformer la législation du *Magasinage public* et des *Warrants*.

Elle s'associe pleinement à vos idées, et, prenant en considération les propositions que vous avez développées avec une si parfaite connaissance de la question, elle a décidé de transmettre à M. le Ministre du commerce la première de vos deux lettres avec une instante recommandation et la prière de mettre à l'étude le plus tôt possible la révision de la loi sur les *Warrants*.

Veuillez agréer, Monsieur, l'expression de notre parfaite considération.

Le Secrétaire,
AD. HOUETTE.

Le Président de la Chambre,
DENIÈRE.

A Monsieur A. Lebaudy, à Paris.

NOTA

Nous croyons devoir passer sous silence une série d'autres démarches faites, notamment en 1869-70, auprès des principales chambres de commerce des départements. L'approbation qu'elles ont donnée verbalement et par écrit à la décision de la chambre de commerce de Paris n'a pu malheureusement encore produire d'effet utile, ce que n'expliquent que trop les événements survenus depuis lors.

A. L.

ÉTUDE

DE

L'ORGANISATION COMMERCIALE ANGLAISE

ADRESSÉE LE 31 MAI 1857

A Monsieur Schneider,

VICE-PRÉSIDENT DU CORPS LÉGISLATIF

MONSIEUR,

Vous m'avez engagé à résumer par écrit ce que j'ai eu l'avantage de vous dire sur les impressions que j'ai rapportées d'Angleterre, à la suite d'un séjour de huit années, pendant lequel j'ai longuement et patiemment étudié l'organisation commerciale de ce pays.

Vingt-cinq années de pratique dans le commerce et la Banque, à Paris, m'avaient appris le mécanisme commercial français à un degré suffisant pour me permettre de comparer les différences entre les deux pays et d'apercevoir, peut-être, des faits et des causes qui avaient pu longtemps rester inaperçus.

Je reviens en France avec des opinions qui sont pour moi des convictions faites. J'ai cherché à vous les faire partager, parce que la position si haute et si honorablement acquise que vous occupez dans l'industrie française m'a fait ambitionner votre concours pour éclairer le commerce, ainsi que l'administration publique, sur des causes d'infériorité que, dans ma profonde conviction, il dépend entièrement de celle-ci de faire disparaître au moins en grande partie; c'est pour cela que j'ai soumis à votre appréciation éclairée les faits que je vais rappeler.

Les différences qui existent entre la France et l'Angleterre, sous le rapport commercial, me paraissent, en ne s'attachant qu'aux faits principaux, pouvoir se résumer par groupes d'idées que je classerai comme il suit :

La première est la différence dans *la puissance financière* entre les deux pays.

La puissance financière de l'Angleterre est un fait qui me paraît avoir été jusqu'à ce moment plus admiré que compris.

La deuxième est l'*organisation commerciale*. Sa base en Angleterre est tellement différente de celle sur laquelle reposent les institutions commerciales françaises, qu'il en résulte un contraste complet, sous le rapport des conséquences qui en découlent.

La troisième réside dans ce fait, qu'en France, à peu près en toutes circonstances, le commerce est habitué à tout attendre de l'administration publique, à tout demander au gouvernement, tandis qu'en Angleterre, il est de principe que le gouvernement n'intervient que très-exceptionnellement dans les affaires du commerce et de l'industrie, auxquels, par compensation, est accordée la liberté la plus grande pour veiller eux-mêmes à leurs intérêts.

Je prends ces trois points seulement pour base de raisonnement, parce qu'ils sont suffisants pour permettre de laisser dans l'ombre ceux de moindre importance.

Premièrement la *puissance financière*.

En quoi consiste-t-elle et quelle en est la base?

Toute personne ayant quelque notion de la manière dont les transactions commerciales se règlent en Angleterre sait que l'or et l'argent, aussi bien que le papier-monnaie, sont rarement employés. La presque totalité des transactions se soldent au moyen de *chèques* ou mandats sur les banquiers, appelés *caissiers*, lesquels font, chaque jour, entre les divers caissiers, l'objet d'une liquidation dans un lieu dénommé « Clearing-house. »

Comme conséquence naturelle, tout commerçant remet, chaque jour, à un *compte de dépôts*, au caissier chargé du service de ses paiements, la totalité des valeurs qui lui rentrent, non-seulement les espèces ou valeurs à terme provenant de marchandises vendues, mais, également à titre de dépôt, les WARRANTS représentant les marchandises à vendre, que possède chaque négociant dans les entrepôts des Docks.

Le *warrant* est, vous le savez, un récépissé de la marchandise que l'administration des Docks délivre au propriétaire *et qui est transférable par un simple endossement.*

Du moment où il est dépositaire du warrant, endossé en blanc, le caissier est par le fait dépositaire de la marchandise, avec laquelle le warrant ne fait qu'une seule et même chose. Le client ne peut plus en dispôser sans la participation du caissier. Ce seul fait est considéré par celui-ci comme suffisant, pour qu'il n'hésite pas à mettre, *par compte courant*, à la disposition de son client, dans la limite de son importance commerciale, toutes les sommes dont ce dernier peut avoir besoin.

Lorsqu'il convient au commerçant de vendre, il réclame le warrant au caissier, soit en le remplaçant au besoin par un ou plusieurs autres, soit en remboursant les avances faites : ce qui a lieu le plus souvent avec le produit même de la marchandise que le courtier chargé de la vente a ordre de verser chez le caissier (1).

Le négociant se trouve donc, en fait, avoir constamment à sa disposition la valeur de la marchandise, sans que pour cela il y ait besoin d'aucune convention préalable, acte de garantie ou autre formalité quelconque.

Tout le commerce anglais procède de cette façon, et *c'est incontestablement dans cette incessante disponibilité de la valeur*

(1) Un certain nombre de négociants, et des plus considérables, déposent simplement leurs warrants chez leur courtier (*Broker*); celui-ci les remet à son banquier, chez lequel il prend, pour les verser à ses clients, toutes les sommes dont ceux-ci peuvent avoir besoin.

des marchandises, que réside le SECRET *de cette puissance financière qui a développé dans de si vastes proportions le commerce de l'Angleterre.*

En France, nous possédons, depuis 1848, des magasins publics ayant le privilége de délivrer des *Récépissés transférables* lesquels, ainsi que je l'ai dit plus haut, ne sont autre chose que le titre dénommé *Warrant*, en Angleterre. Surpris de voir combien peu ces établissements semblent intéresser le commerce et le peu d'usage que font les négociants des facilités qu'ils pourraient y rencontrer, j'ai entrepris d'en rechercher les causes.

Elles ne m'ont paru que trop faciles à comprendre.

Ce ne sont pas des magasins publics, à l'instar de ceux d'Angleterre, qui ont été institués en France.

Pour satisfaire aux besoins exceptionnels du moment, le gouvernement provisoire d'alors a autorisé la fondation de *magasins généraux*, qui ne sont autre chose que des établissements destinés à faciliter les prêts sur gages, autrement dit les emprunts sur marchandises.

Une ordonnance ministérielle, en date du 26 mars 1848, leur a donné complétement ce caractère, en entourant l'usage des récépissés transférables de formalités telles qu'en temps ordinaire elles seraient complétement *compromettantes* pour le crédit des commerçants qui y auraient recours.

Est-il surprenant que le commerce répugne à en faire usage?

Aucune modification n'a été apportée à cet état de choses depuis 1848.

Ce ne sont pas là les institutions anglaises, lesquelles reposent sur la liberté d'action la plus complète.

L'usage du warrant n'y est entravé par aucune formalité.

J'ai dit plus haut la ressource permanente que sa possession procure au point de vue financier; mais il en est un autre sous le rapport duquel l'utilité de son intervention ne mérite pas moins d'être signalée: c'est la facilité qu'elle apporte à la réalisation des marchandises.

Pour être compris, je dois commencer par dire que les *ventes aux enchères publiques* ont pour complément *indispensable* l'intervention du warrant.

La vente aux enchères publiques est en Angleterre à l'état de liberté complète, dégagée de toutes formalités judiciaires ou autres, et n'a d'autres frais à supporter que la rétribution du courtier par l'entremise duquel elle est opérée.

Tout porteur d'un warrant peut toujours, et à court délai, en réaliser la valeur, par le seul fait de sa volonté, au moyen d'une vente aux enchères.

En France, au contraire, les formalités que la législation impose à la réalisation des ventes publiques sont tellement nombreuses et gênantes, que, au point de vue commercial, on peut dire que ce mode de vente n'existe pas (1).

---

(1) Les formalités à remplir sont au nombre de *treize;* en voici le détail

1° Déclaration de vente signée par le négociant;
2° Enregistrement de la déclaration;
3° Dépôt au tribunal;
4° Délivrance de l'expédition à joindre à la requête;
5° Requête au tribunal de commerce;
6° Jugement du tribunal de commerce;
7° Enregistrement du jugement;
8° Insertion dans deux journaux;
9° Procès-verbal d'apposition d'affiches;
10° Affiches timbrées;
11° Procès-verbal de la vente;
12° Enregistrement dudit procès-verbal;
13° Dépôt du procès-verbal de la vente au greffe du tribunal de commerce.

Indépendamment de la perte de temps qu'occasionnent toutes ces démarches, ce total des frais ne s'élève pas à moins de 2 0/0. — Est-il surprenant que ce soit seulement dans les cas obligés, tels que ventes après faillite ou après décès, ou pour les marchandises avariées, que l'on ait recours à ce mode de réalisation?

Une réforme de la législation est indispensable.

C'est seulement lorsqu'elle sera opérée que le concours des magasins publics produira son effet utile, parce que c'est seulement alors que se trouvera véritablement résolu *le problème de la mobilisation de la marchandise*, au moyen de sa représentation par un titre transférable.

Que ce problème soit résolu par l'adoption des usages anglais, et la France n'aura bientôt plus rien à envier à l'Angleterre sous le rapport de la puissance financière.

La deuxième différence que j'ai signalée est *l'organisation commerciale.*

Je crois pouvoir me permettre de dire qu'en France presque toute l'organisation commerciale a pour principe et pour base la *défiance* de l'administration à l'égard des particuliers et des particuliers entre eux. Il est permis de le penser, lorsque l'on examine la série de formalités qui accompagnent presque toutes les opérations administratives et commerciales, lesquelles ont pour résultat des frais et une perte de temps considérables.

En Angleterre, les usages commerciaux sont presque tous basés sur une absence totale de formalités qui semble quelquefois portée à l'exagération, sans que pourtant il en résulte aucun inconvénient. Tout s'y fait simplement et rapidement, parce que, ainsi qu'on le dit avec beaucoup de raison, pour les nations commerçantes, *time is money.*

J'éprouve quelque douleur à formuler mon opinion sur la cause de cette différence; mais je ne puis m'empêcher de croire qu'elle est fondée sur cette circonstance que *l'esprit commercial* n'exerce pas son influence en France, à beaucoup près, au même degré qu'en Angleterre.

L'esprit commercial consiste surtout à être pénétré de cette vérité, que la loyauté dans les transactions et la fidélité à remplir les engagements contractés sont, pour le commerce, la base la plus solide et la plus productive; tellement que *si un négociant n'était pas honnête par tempérament, il devrait l'être par calcul.*

Ce principe est tellement senti en Angleterre que c'est sur lui que sont fondés la plupart des usages du commerce.

Loin de moi la pensée de croire que ces *principes* commerciaux n'existent pas au même degré en France ; seulement leur existence n'y exerce évidemment pas la même influence. C'est là seulement ce que j'ai voulu démontrer.

L'admission des usages anglais en matière de *warrants* et de *ventes publiques*, en élargissant la limite des transactions, en vulgarisant *l'esprit commercial*, serait probablement le plus puissant véhicule pour donner aux principes que je viens de signaler une plus large part d'influence ; ce qui serait le complément naturel de la transformation qui, en moins d'un quart de siècle, s'est opérée en France.

De pays autrefois principalement agricole, la France est arrivée à se placer au premier rang parmi les nations industrielles. Elle n'a rien aujourd'hui à envier à aucune autre, sous le rapport de l'habileté, pour la production et l'écoulement des produits. Si une infériorité relative peut encore être signalée, ce serait uniquement sous le rapport du commerce extérieur, en d'autres termes dans les moyens de se procurer, aux meilleures conditions possibles, les matières premières et denrées alimentaires importées de l'étranger.

Pour un grand nombre d'entre elles, la France est encore aujourd'hui obligée d'employer, pour se les procurer, l'intermédiaire des nations plus avancées dans la carrière du commerce extérieur.

C'est encore dans la bonne organisation des *warrants* et des *ventes publiques* que se trouve le remède, puisque ces mots veulent dire *ressource financière*, susceptible de permettre des opérations à long terme ; facilité et promptitude dans la réalisation des marchandises, et, ce qui est peut-être plus important encore, *élément de confiance pour les producteurs étrangers, qui consigneront d'autant plus volontiers leurs produits pour la vente en France, lorsque le contrôle de l'officier public par lequel les ventes seront opérées garantira l'exactitude des comptes de vente qui seront fournis.*

C'est surtout à l'aide de ces puissants moyens qu'en dégrevant la marchandise des frais et intermédiaires inutiles, on parviendra à satisfaire au meilleur prix possible aux besoins du commerce et de l'industrie, *ce qui veut dire élargir le cercle des affaires, en augmentant par la baisse des prix le nombre des consommateurs.*

J'ai enfin signalé comme troisième différence qu'en Angleterre le gouvernement intervient fort rarement dans les affaires commerciales et industrielles, tandis qu'en France elles sont pour ainsi dire, et volontairement, sous la direction presque exclusive de l'administration publique.

Qu'en résulte-t-il ?

En Angleterre, lorsqu'une question ou un besoin commercial viennent à surgir, les sommités de la branche de commerce que cette question ou ce besoin intéresse se réunissent, examinent, discutent, et il est rare qu'une solution satisfaisante ne soit pas promptement trouvée. Si, à la suite de cette étude, la sanction gouvernementale est nécessaire, les éléments pour l'obtenir se trouvent présentés au complet.

En France, si une question commerciale se présente, ce n'est le plus souvent qu'à la suite d'une plus ou moins longue discussion économique par la voie de la presse que les chambres de commerce s'en trouvent saisies. Les chambres de commerce sont quelquefois lentes à donner leur avis, parce que ce n'est que par intervalles qu'elles peuvent se réunir. Ce premier examen est ensuite appelé à recevoir la sanction de l'administration publique. Celle-ci, absorbée par le soin des affaires courantes, n'a pas beaucoup de temps à donner à l'étude de questions nouvelles. Il en résulte que *plusieurs années* sont le plus souvent nécessaires pour obtenir la solution de questions qu'un examen fait par les commerçants eux-mêmes, sous le stimulant de l'intérêt personnel, eût permis de résoudre avec beaucoup moins de retard et dans des conditions souvent plus utiles, ne fût-ce que comme *opportunité*.

L'exemple le plus frappant est encore la question des *warrants* et des *ventes publiques*. Il y a des années que les chambres de commerce, ainsi que l'administration supérieure, en sont saisies; une commission spéciale, instituée par le ministère du commerce, est *depuis trois ans* chargée d'en faire l'étude, et *aucune solution n'est encore advenue.*

Les éléments ne font cependant pas défaut. Depuis plus d'un demi-siècle, les warrants et les ventes publiques fonctionnent en Angleterre dans des conditions telles qu'elles y sont devenues la base principale des transactions commerciales.

Que peut-il y avoir de mieux à faire que d'étudier ces institutions pour apporter à notre législation commerciale les modifications que réclame leur introduction en France ?

Il ne nous paraît pas douteux que si d'intelligents commerçants avaient pris l'initiative pour présenter à la sanction du gouvernement un projet d'organisation convenablement étudié, il eût été favorablement et promptement accueilli, car ce n'est certainement pas le bon vouloir qui manque à l'administration publique.

C'est par-dessus tout, Monsieur, cette dernière considération, ajoutée à toutes celles qui la précèdent, qui m'a conduit à vous exprimer cette pensée que, pour compléter le grand mouvement de transformation qui s'est opéré en France, il y a quelque chose qui manque.

Ce quelque chose serait *la fondation, sur de larges bases, d'une société financière qui serait spécialement instituée pour venir en aide au commerce extérieur, au moyen de l'utilisation des warrants à la manière anglaise.*

Dans notre pays, où la division des fortunes tend incessamment à s'étendre, il n'y a que l'association qui puisse permettre de former un capital suffisant pour que la garantie de sécurité qu'il offrirait *impose* en quelque sorte la confiance sur les marchés étrangers.

Cette condition est indispensable et ne tarderait pas à produire toute son influence, en y ajoutant l'honorabilité qui résulterait du concours d'un choix de notabilités commerciales et industrielles pour veiller à une bonne et prudente direction.

Le succès d'une entreprise de ce genre serait certainement assuré par la simple adoption, en France, des principes et des institutions sur lesquels est fondé le commerce extérieur de l'Angleterre.

Je ne puis, dans cette lettre déjà trop longue, entrer dans le développement de cette pensée, sa réalisation ne pouvant d'ailleurs être que la conséquence de faits qui n'existent pas encore; il est convenable et nécessaire d'attendre qu'ils soient accomplis,

Puisse cet exposé mériter votre attention et vous décider à intervenir dans ces questions, où le concours de votre expérience vaudrait mieux que tous les raisonnements.

Veuillez agréer, Monsieur, l'expression de ma haute considération et de mon sincère dévouement.

A. LEBAUDY.

LETTRE

SUR

LA QUESTION DES WARRANTS

ADRESSÉE LE 14 MAI 1858

A S. Exc. M. Rouher, Ministre de l'Agriculture, du Commerce et des Travaux publics

---

MONSIEUR LE MINISTRE,

La loi qui vient d'être votée au sujet des *warrants* et des *ventes aux enchères publiques* est peut-être, au point de vue commercial, *le fait le plus grave et le plus utile qui ait été réalisé depuis longtemps.*

Combien ne serait-il pas à regretter que cette immense innovation fût altérée dans sa base et ses résultats par une fausse application, semblable à celle qui a si malheureusement compromis cette grave question depuis 1848.

C'est cependant, Monsieur le Ministre, ce qui menace de se réaliser si, sans aucun retard, le commerce n'est pas arrêté sur la pente fatale où déjà il s'est engagé.

Que fait en ce moment même le commerce de Lyon? il s'occupe de fonder pour les soies un *mont-de-piété.*

Que se passe-t-il à Marseille? L'honorable et puissante Compagnie des Docks sollicite l'autorisation de prêter, *elle-même,* sur les marchandises déposées dans ses magasins. En un mot, de réaliser au complet les conditions du *mont-de-piété* de la rue des Blancs-Manteaux.

Déjà, antérieurement, la riche Compagnie des Docks du Havre a obtenu l'introduction de cette faculté dans ses Statuts.

Tout cela, Monsieur le Ministre, est évidemment le résultat d'une erreur, malheureusement trop répandue, et que la loi nouvelle est de nature à augmenter par quelques-unes des dispositions qu'elle contient.

Cette loi a presque uniquement pour objet la *réglementation des emprunts sur marchandises*. Il suffit cependant d'approfondir la question pour reconnaître que la mission du *warrant*, et l'emploi que le commerce anglais sait en faire, sont d'un ordre infiniment plus élevé.

Encourager le commerce à entrer dans la voie des emprunts est un mauvais principe.

Fournir au commerce une ressource permanente, utilisable à volonté, est, au contraire, un service éminent.

C'est cette différence qu'il importe de bien comprendre et d'arriver à mettre en pratique.

Le *warrant anglais*, signe représentatif et descriptif de la marchandise, est, avant tout, destiné à faciliter les transactions ordinaires en évitant les frais et les déplacements superflus.

Telle partie de cotons emmaganisée à Liverpool changera dix fois de propriétaire avant que la marchandise soit réclamée par les besoins de la consommation. La simple cession du warrant *endossé en blanc par le premier titulaire*, celui qui a déposé la marchandise au magasin public, suffit pour accomplir la livraison; l'usage, dans cette circonstance, étant de vendre sur le poids reconnu à l'entrée en magasin.

Tels sont l'objet et l'emploi *principal* du warrant anglais.

Il est très-vrai qu'en même temps, le négociant anglais trouve dans le warrant une ressource constamment disponible, en ce qu'il lui permet de disposer, au besoin, d'une partie de la valeur de la marchandise, sans en attendre la vente; mais cela constitue un fait exceptionnel; fait, au reste, tellement simple et *naturel*, qu'en Angleterre il n'a pas le caractère et encore moins le nom d'*emprunt sur marchandise*.

Il est d'usage, à Londres et à Liverpool, que chaque négociant remette *en dépôt* chez le courtier (*broker*) ou chez le caissier (banquier), chargé de ses affaires, *les warrants* qu'il possède.

Puis, quand le négociant a besoin d'argent, il en prend par *compte courant* chez l'un ou chez l'autre.

Voilà, Monsieur le Ministre, le mécanisme anglais dans toute sa simplicité, qui fait sa force, en ce que la ressource financière qui en résulte ne peut, en aucune façon, *compromettre le crédit* des commerçants.

Ce mécanisme a paru jusqu'à présent, sinon impossible à comprendre, au moins à appliquer en France. La manière dont a été introduite dans notre pays l'institution du magasinage public n'a pu qu'accréditer cette opinion.

Lorsqu'en 1848 le gouvernement provisoire a institué les *magasins généraux*, l'esprit français, aussi formaliste, il faut bien le dire, que celui des Anglais est simple, a conduit à imposer à l'emploi des récépissés transférables, particulièrement en matière d'emprunts, une série de conditions aussi compromettantes que superflues, et desquelles il est résulté que les magasins publics ont été généralement considérés comme des établissements principalement destinés à faciliter les *prêts sur gages*.

De là la répugnance que le commerce témoigne *depuis dix ans* à faire usage des *Récépissés transférables*; à tel point que leur emploi n'a pu parvenir encore à s'introduire dans les usages commerciaux.

C'est cette erreur qu'il importe de détruire.

La loi nouvelle, *excellente du reste dans ses autres dispositions*, a-t-elle eu *pour le crédit* les égards qu'il réclame?

Bien loin de là.

Non seulement cette loi *maintient les dispositions compromettantes* qui existaient avant elle, mais elle les aggrave singulièrement par la création du *Bulletin de gage*, très-improprement désigné sous le nom de *Warrant*, attendu qu'il n'a aucune espèce de rapport avec le warrant anglais.

Pour parvenir, s'il est possible, à apporter dans cette importante question la lumière qu'il réclame;

Pour démontrer, en même temps, à quel point est erronée l'idée, généralement accréditée, que les institutions anglaises, avec leur admirable simplicité, ne sont pas susceptibles d'être introduites en France, à cause, dit-on, de la différence qui existe entre les habitudes et surtout l'organisation financière des deux pays;

Pour obtenir, dis-je, ces deux résultats si éminemment désirables, il faut nécessairement *déchirer* le voile derrière lequel se trouvent abritées les erreurs que je cherche à combattre.

Je me vois donc forcé de commencer par faire justice du titre en faveur duquel la loi nouvelle a usurpé le nom de *warrant*.

Peut-être aurai-je le malheur de blesser quelques amours-propres. La loi nouvelle est l'œuvre d'hommes éminents, aussi remarquables par leurs talents que par leur dévouement au bien public; mais les meilleures intentions peuvent conduire à un faux résultat, si le point de départ n'a pas lui-même été juste.

L'intérêt général qui s'attache à la bonne solution de ces importantes questions est d'ailleurs d'un ordre trop élevé pour que toute autre considération ne doive pas être écartée.

Qu'il me soit donc permis de formuler l'opinion que le *bulletin-warrant*, j'ose à peine dire le *warrant français*, tel que la loi l'a constitué, est un titre :

Nuisible pour le prêteur,

Dangereux pour l'endosseur,

Compromettant pour le souscripteur,

Et, pour achever, j'ajouterai : *Impraticable en fait.*

Voilà ma thèse, et voici comment je la démontre :

Nuisible pour le prêteur. — Attendu que par la création de deux titres, le récépissé et le warrant, annexés au moment de leur délivrance, mais destinés à s'isoler l'un de l'autre lorsqu'on en voudra faire usage pour un emprunt, *l'on ôte au prêteur la possibilité de stipuler qu'en cas de baisse de la marchandise, il lui sera donné un supplément de garantie.*

Il en résulte que le prêteur courra un plus grand risque, à moins qu'il ne restreigne la quotité de ses prêts; ce qui arrivera probablement, et n'est nullement de nature à faire considérer par le commerce comme un avantage la combinaison nouvelle.

Dangereux pour l'endosseur. — Car en matière de billets de commerce (supposez-les souscrits en règlement d'un emprunt), quinze jours seulement sont accordés pour les recours contre les endosseurs.

La loi nouvelle stipule que ce délai ne commencera à courir que du jour où la vente de la marchandise aura été réalisée. La loi ajoute que la marchandise devra être vendue dans le mois qui suivra la date du protêt. Cela fait déjà quarante-cinq jours. Et s'il survient des oppositions légales? L'action sera nécessairement suspendue, de sorte que *l'endosseur pourra rester engagé, sans le savoir, pendant un temps indéterminé.*

Compromettant pour le souscripteur. — Plus encore que le règlement administratif du 26 mars 1848, qui a *paralysé* jusqu'à présent l'emploi des récépissés transférables, en raison de l'obligation qu'il avait imposée de constater ostensiblement sur les registres des magasins les sommes empruntées.

Non-seulement la loi nouvelle maintient cette obligation, mais elle y ajoute par la création du *Warrant-Bulletin de gage que l'on suppose destiné à la circulation*, l'agrément pour le souscripteur de rendre *publics* et ses besoins et ses affaires.

Cela est *anticommercial.*

Enfin, j'ai ajouté *impraticable en fait*, parce que, au moyen de cette combinaison, qui consiste à ajouter au *récépissé* une queue appelée *warrant*, destinée à être détachée lorsque l'on voudra opérer le règlement d'un emprunt, *l'on oblige à souscrire un seul titre à l'ordre du prêteur.*

Si je veux emprunter 100,000 francs, il faudra que je remette à mon prêteur un seul billet de cette somme sur le papier-warrant détaché du récépissé. Puis, si le prêteur a besoin plus tard de quelques mille francs, il ne pourra se les procurer qu'en négociant mon billet de 100,000 francs.

Le seul moyen de parer à cet inconvénient serait d'aller au magasin faire diviser la marchandise en autant de lots que l'on voudra avoir de récépissés et de bulletins-warrants, *uniquement* pour faciliter la coupure en plusieurs titres du règlement à remettre au prêteur.

Quel embarras, et quels frais superflus, en supposant même que l'exécution soit toujours possible!

Si je me trompe j'en demande la démonstration.

N'est-il pas évident que si des faits aussi graves ont pu passer, en quelque sorte, inaperçus, cela tient clairement à ce qu'on a pris un mauvais point de départ, en se préoccupant outre mesure et presque exclusivement de *réglementer les emprunts*, au lieu, comme en Angleterre, de laisser au commerce le soin de se servir, au mieux de ses intérêts, de l'instrument nouveau mis à sa disposition.

Je conclus donc de tout ce qui précède que toutes combinaisons financières ou fondation d'établissements qui auront pour résultat de perpétuer l'erreur commise en 1848, en faisant intervenir le bulletin de gage (le warrant français) dans le règlement des avances sur marchandises, NE RÉUSSIRONT PAS; parce que, comme par le passé, sauf peut-être dans les moments de crise ou d'extrême besoin, le commerce continuera de repousser un système mortel pour le crédit, ou tout au moins éminemment nuisible au succès des opérations qu'un emprunt aurait pour objet de soutenir, par cela seul qu'il dévoile et l'opération elle-même et les besoins du détenteur de la marchandise.

Tout ceci expliqué et, nous l'espérons, compris, recherchons donc quel est le *véritable* et *naturel* moyen qui peut assimiler en France le concours du *récépissé transférable* à celui du *warrant anglais*.

On a dit à ce sujet: L'organisation financière de la France n'est pas la même que celle de l'Angleterre.

Nous n'avons pas à Paris les trente-trois caissiers chez lesquels viennent journellement se liquider toutes les opérations du commerce de Londres, lesquels sont autant de réservoirs financiers en quelque sorte inépuisables, par cela seul qu'il n'ont jamais rien à débourser.

Vous n'ignorez pas, Monsieur le Ministre, que chaque jour, à quatre heures, un commis de chacun de ces trente-trois caissiers se rend à un endroit appelé « Clearing-House, » où ils échangent entre eux tous les *chèques* ou mandats à vue émis dans la journée par tout le commerce de Londres sur chacun des trente-trois caissiers, puis balancent les comptes réciproques par un *bon de virement* sur la Banque d'Angleterre, sans qu'il soit mis en mouvement ou un écu ou un billet de banque.

Nous n'avons pas cela, il est vrai; mais, sous une forme différente, nous possédons un complet équivalent dans la Banque de France et ses succursales, qui sont les réservoirs financiers de la France.

Il ne s'agit absolument que de savoir faire concorder les demandes du commerce avec les formes et les règles de ces établissements.

C'est surtout ici, Monsieur le Ministre, que je vous demande la permission de solliciter votre attention.

Poser clairement les termes d'un problème est certainement ce qui peut le mieux en faciliter la solution.

Pour cela, il faut commencer par expliquer que ce n'est pas à Paris que se rencontre l'élément naturel des avances sur marchandises. Il ne vient et ne viendra jamais s'emmagasiner à Paris que les marchandises destinées à la consommation parisienne ou aux besoins des manufactures qui avoisinent Paris. Si considérable que puisse être la quantité de marchandises réclamée par les besoins de cette consommation spéciale, son séjour en magasin ne peut jamais être de longue durée. Si le détenteur avait besoin d'emprunter pendant cette courte période, c'est que probablement, il serait mal dans ses affaires, et mieux vaudrait ne pas avoir à traiter avec lui.

Cette règle générale admet certainement des exceptions. *Les sucres indigènes, les métaux, quelques produits naturels du sol* peuvent être de ce nombre. C'est donc seulement en thèse générale qu'elle est présentée.

C'est évidemment dans les entrepôts des ports: le Havre, Marseille, Nantes, Bordeaux, et exceptionnellement quelques grands centres commerciaux, que se trouve l'élément *naturel* auquel peuvent s'appliquer les avances sur marchandises. Ce sont particulièrement les *denrées exotiques, sucres, cafés, cotons, soies brutes*, etc., etc., en un mot, les produits créés par la nature à une même époque, *celle des récoltes annuelles*, et qui doivent forcément séjourner dans les entrepôts pour y attendre, *souvent longtemps*, les besoins successifs de la consommation.

C'est en vue de cet élément *naturel* qu'une combinaison de crédit *peut* et *doit* venir en aide au commerce au moyen de l'intervention des récépissés-warrants.

En tout pays, il faut savoir se conformer aux usages; or, les banquiers, en France, sont, à l'égard des négociants des grands centres commerciaux et de la Banque de France, dans une situation absolument identique à celle des courtiers-banquiers anglais (brokers), placés entre les commerçants et les caissiers de Londres.

Ils sont comme eux des intermédiaires, avec cette seule différence qu'il suffit au courtier anglais de délivrer un *chèque* sur son caissier, tandis que, dans l'organisation financière française, le banquier, qui doit prudemment éviter d'*immobiliser* ses capitaux, ne peut mettre à la disposition de son client que son *crédit* personnel, autrement dit *sa signature*, sous forme d'acceptation ou d'endossement, pour le mettre à même de présenter à la Banque de France ou à ses succursales *le signe représentatif exigé en échange d'espèces.*

Ce que je vais dire ne s'applique nécessairement qu'aux maisons de banque respectables et jouissant d'un crédit bien établi.

Toute maison de banque réalisant les conditions sus-énoncées peut certainement, sans aucune difficulté, dire à ses correspondants :

« Vous avez nécessairement des récépissés-warrants, puisque » vous êtes détenteur de marchandises.

» Quand cela vous conviendra, vous pouvez m'envoyer le » récépissé et le warrant, datés et signés en blanc (ce qui confère » le droit *de disposer de la marchandise*, art. 3 et 4 de la loi). » Je les garderai *en dépôt* comme garantie de votre compte, et » je vous avancerai, volontiers, une partie de la valeur des » marchandises qu'ils représentent. C'est-à-dire que, *à mesure* » *de vos besoins*, je vous autorise à disposer sur moi en *traites* » *à trois mois* que j'accepterai pour votre compte.

» Étant naturellement convenu que si vous ne me couvrez » pas en espèces ou valeurs négociables *avant* l'échéance de » mes acceptations (sauf convention de renouvellement), j'aurai » le droit de disposer de la marchandise, en la faisant vendre, » pour votre compte, non pas *huit jours après* l'échéance de » *votre engagement* (comme le dit la loi, art. 7), mais *quelques* » *jours avant*, afin que la rentrée du produit puisse concorder » avec l'échéance de mes acceptations. »

Il est, du reste, plus que probable que ce cas de vente forcée ne se présentera pas une fois sur cent, en ayant soin de n'accepter pour clients que des maisons respectables et bien établies et en raison de la facilité des renouvellements.

Inutile d'ajouter que si le client veut vendre sa marchandise avant l'échéance des acceptations, il aura *toujours* le droit de réclamer le récépissé-warrant, soit en couvrant par anticipation, soit, si cela lui convient mieux, en donnant simplement l'ordre d'envoyer les pièces au courtier chargé de réaliser la vente, si elle doit avoir lieu aux enchères publiques, ou à l'acheteur en cas de vente amiable, avec *autorisation à ceux-ci de remettre au banquier de Paris*, JUSQU'A DUE CONCURRENCE, le montant de la vente.

Voilà évidemment le *véritable*, *simple* et *commercial* moyen d'user de la ressource *naturelle* qu'offre le récépissé-warrant sans préjudice pour le crédit ou les opérations du commerçant; car, si l'émission d'une traite sur banque peut et doit faire supposer qu'elle représente une anticipation sur la valeur de la marchandise, on ne saura pas du moins dans quelle proportion cette anticipation est demandée, et, ce qui est peut-être plus important encore, quelle est l'opération commerciale que l'anticipation réclamée a pour objet de soutenir.

Puissent ces réflexions, Monsieur le Ministre, vous paraître dignes de votre attention.

J'ai l'honneur d'être avec respect, etc.

A. L.

RÉPONSE

A cette lettre, il a été simplement répondu que, la loi étant votée, le ministre du commerce n'avait plus à intervenir.

PROCÈS-VERBAL

D'une réunion commerciale, ayant pour objet l'examen des lois récemment promulguées sur les warrants et les ventes publiques.

Le 4 juin 1858, à huit heures du soir, se sont réunis, rue du Louvre, n° 8, sur l'invitation de M. A. Lebaudy, quatre-vingt-trois négociants de Paris et des départements ou autres personnes, en vue du but ci-dessus énoncé.

Lecture a été donnée à l'Assemblée d'un exposé de faits se rattachant aux lois récemment promulguées sur les *warrants* et les *ventes publiques*, ainsi que sur les voies et moyens d'arriver à mettre ces lois en pratique pour le plus grand avantage du commerce de la France.

A la suite de cette lecture, des explications ont été échangées, à la satisfaction générale, sur divers points relatifs aux questions soulevées.

La réunion a ensuite manifesté, à l'unanimité, le grand intérêt que lui paraissait mériter l'examen des questions présentées, et a remercié M. A. Lebaudy d'avoir pris l'initiative pour cet examen.

L'Assemblée a réclamé l'impression du discours qu'elle venait d'entendre, afin qu'il pût être envoyé aux membres de la réunion ou autres personnes.

La séance a été levée à dix heures et demie.

En foi de quoi ont signé les membres du bureau.

Marquis G. d'Audiffret, *Président.*
J.-F. Cail.
Millescamps.

RÉSUMÉ

Dans la période de dix-sept années qui s'est écoulée depuis 1857, de grands progrès commerciaux et financiers ont été réalisés en France, grâce, pour la majeure partie, aux efforts de l'initiative privée.

La loi de mai 1858, dans sa partie relative aux *Ventes publiques*, a été un grand bienfait.

La fondation de plusieurs grands établissements financiers s'est, depuis lors, simultanément produite :

1° La *Société générale de Crédit*, fondée en 1858 au capital de 60 millions.—Président, M. le marquis d'Audiffret ;

2° La *Société générale pour favoriser le développement du commerce et de l'industrie en France*, fondée en 1860, au capital de 120 millions, par l'initiative de M. Schneider. — Président actuel, M. Denière ;

3° La *Société de Dépôts et Comptes courants*, créée en 1863 et dont la fondation est due à M. A. Donon, qui, comme Président du Conseil d'administration, la dirige, habilement, dans les mêmes voies que les établissements financiers anglais. Son capital fixé primitivement à 60 millions, a été récemment élevé au chiffre de 120 millions.

A l'aide de ces importants établissements, et d'autres du même genre qui seraient encore à citer, la France n'a évidemment plus rien à envier à l'Angleterre, sous le rapport de la puissance financière.

N'est-il pas infiniment regrettable qu'on n'en puisse dire autant au point de vue *commercial ?*

La principale, pour ne pas dire l'*unique* cause, est que la législation commerciale française est loin d'avoir atteint, particulièrement en ce qui concerne le « Warrant » et ses corollaires, la *simplicité*, qui est la base et fait la force des institutions anglaises.

Entreprendre, dans la limite du possible, *la mise en pratique* de ces institutions à Boulogne-sur-Mer, *aussitôt qu'une détermination aura été prise pour assurer aux grands navires la facile entrée de ce port,* nous paraît devoir être la meilleure démonstration à faire, afin d'amener, *par l'exemple,* les autres grands ports de France, à appeler également chez eux, à l'aide de ce puissant moyen, le commerce direct des importations.

Une œuvre d'une utilité générale aussi évidente, ne saurait manquer d'obtenir l'appui et le concours qu'elle espère, tant de la part des administrations françaises, que des nombreux intérêts engagés dans cette importante question.

Une semblable vérité ne doit avoir besoin que d'être mise en lumière pour être comprise.

A. LEBAUDY.

Paris, 1er janvier 1875.
50, rue Pergolèse.

A. CHAIX ET Cie, ÉDITEURS
20, rue Bergère, à Paris.

GUILLAUMIN ET Cie, ÉDITEURS
14, rue de Richelieu, à Paris.

L'ORGANISATION COMMERCIALE

ET LE

MAGASINAGE PUBLIC

EN FRANCE ET EN ANGLETERRE

EXAMEN COMPARATIF

PUBLIÉ A PROPOS DE L'ENQUÊTE

PROVOQUÉE PAR LES

TRAITÉS DE COMMERCE

(1870)

Cette étude sur l'ORGANISATION COMMERCIALE et le MAGASINAGE PUBLIC, en Angleterre et en France, se compose d'une suite de lettres :

Les deux premières, adressées à la **Chambre de commerce de Paris,** les 31 juillet et 30 septembre 1869 ; les autres écrites pour satisfaire à une demande de MM. les administrateurs du journal « *la Patrie* ».

TABLE ANALYTIQUE DES MATIÈRES CONTENUES DANS CET OUVRAGE

L'organisation commerciale et le Magasinage public en France et en Angleterre. — Examen comparatif.

Extrait du journal **la Patrie,** numéro du 9 novembre 1869.

Première lettre au Rédacteur en Chef du journal *la Patrie.*

Exposé des défauts de la loi du 28 mai 1858 en ce qui concerne les *Magasins généraux.* — Mérites de cette loi, en ce qui a rapport aux *Ventes publiques.*

Parallèle entre l'**organisation commerciale** en Angleterre et l'**organisation commerciale** en France.

Démonstration de ce qui manque dans l'*organisation commerciale française.*

Deuxième lettre.

Exposé des moyens pratiques en usage en Angleterre pour l'utilisation des *Docks,* des *Warrants,* des *Ventes publiques.*

Établissements financiers français en état aujourd'hui de rendre au commerce et à l'industrie les mêmes services que les établissements anglais.

Avantages que trouvent les négociants anglais dans la pratique des moyens sus-énoncés.

Indication du SEUL obstacle qui s'oppose à ce que les négociants et industriels français aient à leur disposition les mêmes avantages et facilités qu'en Angleterre.

Troisième lettre.

Conséquences qui résulteraient pour la France, aux points de vue de son *Commerce extérieur* et de son *Mouvement maritime,* de l'adoption des usages anglais.

Exposé de *préjugés* existant à l'égard et en faveur de l'Angleterre.

Discussion de ces préjugés.

Citation d'un travail intitulé *le Port de Liverpool et les Institutions anglaises.*

— Extrait relatif au *Port de Marseille.*

Conclusion à ce sujet.

Quatrième lettre.

Comparaison entre le mouvement du *Commerce extérieur* en Angleterre et en France dans les années 1830, 1855, 1867.

Supériorité de progrès comparatifs, réalisée par le commerce français.

Conséquences pour l'avenir de perfectionnements qui seraient apportés à l'*organisation commerciale française.*

Cinquième lettre.

Dissertation sur la question du LIBRE-ÉCHANGE.

Opinion personnelle de l'*auteur.*

Démonstration de la nécessité du *progrès,* particulièrement dans l'industrie manufacturière.

Examen des objections présumées pouvoir être faites au nom du parti *protectionniste.*

Sixième lettre.

De la **Corporation des courtiers de commerce assermentés.**

De l'intervention des courtiers anglais **(Brokers)** dans les opérations auxquelles donne lieu l'utilisation des *Warrants.*

Comparaison avec l'emploi fait, en France, du *Bulletin de gage.*

Avantages qui résultent de l'emploi du *Warrant* en Angleterre.

Conséquences *immédiates* qu'aurait en France la création d'un titre similaire.

Résumé.

Comparaison entre les institutions commerciales en France et en Angleterre au point de vue de la *sécurité.*

Création du **Warrant,** susceptible de faire produire *immédiatement* à toutes les autres institutions commerciales déjà existantes le degré d'utilité qu'elles n'ont pu atteindre jusqu'à présent.

Post-scriptum.

Lettre de l'un des *principaux* chefs du parti *protectionniste* dénigrant le *Warrant.*

Réponse pour démontrer que la critique et les accusations dirigées contre le Warrant *ne sont aucunement fondées.*

Deuxième **Post-scriptum.**

Deux dépêches de *M. Ferdinand de Lesseps* relatives à l'ouverture du CANAL MARITIME DE SUEZ.

Péroraison.

PARIS. — IMPRIMERIE CENTRALE DES CHEMINS DE FER. — A. CHAIX ET Cie, RUE BERGÈRE, 20. — 14092-4.

TABLE

IMPRIMERIE CENTRALE DES CHEMINS DE FER. — A. CHAIX ET Cᵉ, RUE BERGÈRE, 20, A PARIS. — 14020-4.

www.ingramcontent.com/pod-product-compliance
Ingram Content Group UK Ltd.
Pitfield, Milton Keynes, MK11 3LW, UK
UKHW020311180726
13839UKWH00001B/440